企业并购与实体经济
资本配置效率研究

郑文风 著

中国金融出版社

责任编辑：吕　楠
责任校对：孙　蕊
责任印制：陈晓川

图书在版编目（CIP）数据

企业并购与实体经济资本配置效率研究／郑文风著．--北京：中国金融出版社，2024.12. --ISBN 978-7-5220-2520-9

Ⅰ. F279.23

中国国家版本馆 CIP 数据核字第 2024WP1066 号

企业并购与实体经济资本配置效率研究
QIYE BINGGOU YU SHITI JINGJI ZIBEN PEIZHI XIAOLÜ YANJIU

出版
发行　中国金融出版社

社址　北京市丰台区益泽路 2 号
市场开发部　（010）66024766，63805472，63439533（传真）
网上书店　www.cfph.cn
　　　　　（010）66024766，63372837（传真）
读者服务部　（010）66070833，62568380
邮编　100071
经销　新华书店
印刷　北京七彩京通数码快印有限公司
尺寸　169 毫米×239 毫米
印张　9.25
字数　201 千
版次　2024 年 12 月第 1 版
印次　2024 年 12 月第 1 次印刷
定价　89.00 元
ISBN 978-7-5220-2520-9
如出现印装错误本社负责调换　联系电话（010）63263947

内容提要

并购作为企业成长、产业调整、经济发展的基本载体，以及共建"一带一路"下对外投资的重要方式，因其涉及众多经济主体、影响重大而成为研究的热点。人们对于并购是资源再配置有效方式这一命题已达成共识，但其中具体机制尚未明晰。有关并购收益、并购后整合以及并购的资源配置机制、效率等基本问题，仍处于"黑箱"状态。随着近年来我国经济金融化趋势渐显、经济增长新常态出现，如何提高资源配置效率成为亟待解决的关键议题。

本书立足于主并方企业，基于资源配置理论、协同效应理论，构建经济金融化视角下企业并购的资源配置分析框架，分别从区域金融化维度和企业金融化维度探索企业并购的资本配置机制与效应。从当前经济金融化现实切入，以并购影响资本配置的理论基础—传导路径—效应机制为主线，揭示经济金融化背景下资本配置的并购机制与效应。第一，在理论层面，阐述企业并购的资本配置机制的理论基础。并购是存量资源再配置过程，资源在企业双方的再配置将降低交易成本，提高资源利用率，满足资源配置理论的基本原理。企业并购从管理协同、经营协同和财务协同三方面实现并购协同效应，有助于改善企业管理效率、增加经营业绩、提高财务收益。第二，探索企业并购影响资本配置的传导路径。并购如何作用于资本配置仍然是理论界和实务界的"黑箱"，本书着重考察并购通过融资可得性和并购可能性等渠道发挥的显著性作用。第三，实证检验经济金融化下并购的资本配置效应机制。

与以往研究相比，本书的创新点主要体现在以下两个方面：第一，创新性地以经济金融化切入，选取区域金融化维度和企业金融化维度两个研究视角，沿着"并购影响资本配置的理论基础—传导路径—效应机制"的路线，实证分析并购的地区实体经济资本配置效应与实体企业资本配置效应，从区域层面探讨同属并购和异地并购在区域金融化下的地区资本配置机制与效应，从企业层面探究企业金融化下并购的实体企业投融资效率与资源配置效应机制。第二，由主成分分析法构建区域金融化度量指标，丰富经济金融化理论的定量研究；并采用双重差分方法（DID）和三重差分方法（DDD），将并购视为企业外生性冲击，通过比较并购前后企业相关经济变量的动态变化，分析并购的企业资本配置效应机制。由此得到以下结论：在经济金融化背景下，企业并购能够提高地区实体经济资本配置效率，有助于推动企业升级，促进地区产业升级。换言之，企业并购是经济金融化视角下改善实体经济资本配置效率的可行路径。

目 录

第1章 绪 论 ……………………………………………………… 1
1.1 研究背景和研究意义 ……………………………………… 1
1.2 核心概念的界定 …………………………………………… 5
1.3 研究思路与研究内容 ……………………………………… 8
1.4 主要创新点 ………………………………………………… 10
1.5 局限与不足 ………………………………………………… 11

第2章 文献综述 ………………………………………………… 14
2.1 经济金融化的内涵及演化 ………………………………… 14
2.2 企业并购的资本配置机制与效应 ………………………… 23
2.3 经济金融化的资本配置效应 ……………………………… 26
2.4 文献述评 …………………………………………………… 30

第3章 实体经济资本配置的企业并购机制：经济金融化演进视角 …… 32
3.1 企业并购在经济金融化背景下的典型特征 ……………… 32
3.2 企业并购在经济金融化背景下作用于资本配置的机制与效率 … 43

第4章 并购与实体经济资本配置效率Ⅰ：区域金融化维度 ……… 52
4.1 理论分析与研究假设 ……………………………………… 52
4.2 研究设计 …………………………………………………… 57
4.3 实证检验及分析 …………………………………………… 66
4.4 稳健性检验 ………………………………………………… 78
4.5 异质性分析 ………………………………………………… 82
4.6 进一步讨论 ………………………………………………… 85

第5章 并购与实体经济资本配置效率Ⅱ：企业金融化维度 ········ 89

- 5.1 理论分析与研究假设 ···················· 89
- 5.2 研究设计 ·························· 94
- 5.3 实证检验及分析 ······················ 101
- 5.4 稳健性检验 ························ 111
- 5.5 进一步讨论 ························ 114

第6章 结论与对策建议 ························ 123

- 6.1 研究结论 ·························· 123
- 6.2 研究启示与未来研究方向 ················ 125

参考文献 ································ 129

第 1 章 绪 论

1.1 研究背景和研究意义

1.1.1 研究背景

2008 年国际金融危机后,我国 GDP 增速持续走低,实体部门较低的利润与金融部门较高的收益形成鲜明对比。2018 年全国规模以上工业企业平均利润约为 1800 万元,而全国商业银行平均净利润额达 6.4 亿元,其他非银行金融机构利润也远高于工业企业。逐利本性使资本集中流向金融领域,金融部门膨胀明显,这一点仅从就业人员数量对比即可看出。图 1.1 显示的是 2003—2018 年制造业就业人数与泛金融业就业人数之比[①]。

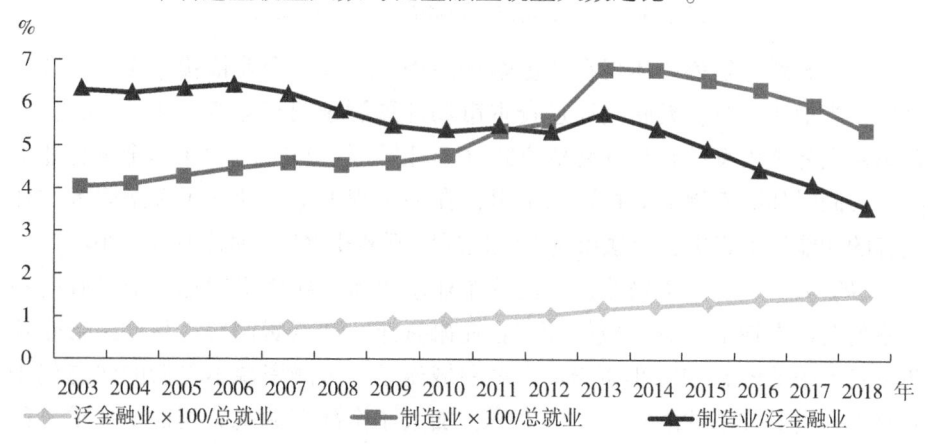

图 1.1 2003—2018 年制造业就业人数与泛金融业就业人数之比

(数据来源:中国国家统计局网站,经笔者计算所得)

---

① 为了便于比较,文中对泛金融业就业人数占总就业人数之比和制造业就业人数占总就业人数之比做了扩大 100 倍处理。

其中，泛金融行业包括金融业、保险业和房地产业（Finance, Insurance & Real Estate, FIRE；也有学者称其为类金融业或类金融部门）（张成思等，2015，2019）。可以看到，相较于制造业就业人数，泛金融业就业人数呈现逐年递增态势，且上涨速度更快；制造业就业人数于2013年开始逐年递减，因而制造业就业人数与泛金融业就业人数之比呈逐年下降的趋势。

同时，FIRE行业GDP贡献率从2003年的8.89%上升到2018年的14.32%，金融部门在经济活动中的影响力越来越大，具体可见图1.2。

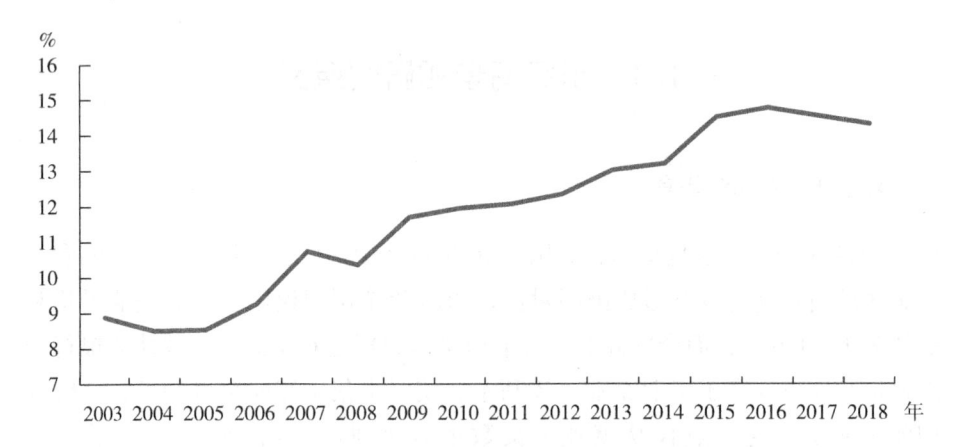

图 1.2　2003—2018 年 FIRE 增加值与 GDP 之比

（数据来源：中国国家统计局网站，经笔者计算所得）

经济金融化趋势还体现在非金融部门中。非金融企业依赖其充裕资金或直接充当信用中介，或间接通过资本市场开展影子银行业务，成为弥补信贷资源初次配置失衡的替代性融资方式（李建军等，2019）。"中国金融行业的高增长同时伴随着制造业投资的下滑，在一定程度上反映出了金融服务实体经济的功能逐渐丧失，金融市场系统性风险不断积聚"（何德旭等，2017）。

尽管如此，经济中仍然存在民营企业融资难、融资贵问题。中央政府在一系列会议上指出"着力破解民营企业融资难、融资贵问题，帮助民营企业解决发展中的困难"①，但资金向金融领域流动、金融资源不平衡的状态仍未能改善。由此带来的融资成本的上升，加大了金融资源配置扭曲，加重了民营企业融资约束难题。

并购作为企业低成本扩张的重要方式，不仅是企业成长的必经之路，更是存量资源优化再配置的重要途径。近年来，企业并购在我国蓬勃发展，无

---

① 2018年一系列中央政府工作会议中提到着力解决的问题。

论是并购数量还是并购金额,均呈现递增趋势。由图 1.3 和图 1.4 可以看到,自 2012 年之后并购数量和并购金额快速增长,而并购金额与 GDP 之比总体也呈现增长态势。国家统计局的资料表明,并购交易金额占固定资产投资总额的比重较小,一方面说明中国并购市场的规模相对来说还很小,另一方面也说明中国并购市场发展的潜力非常大。

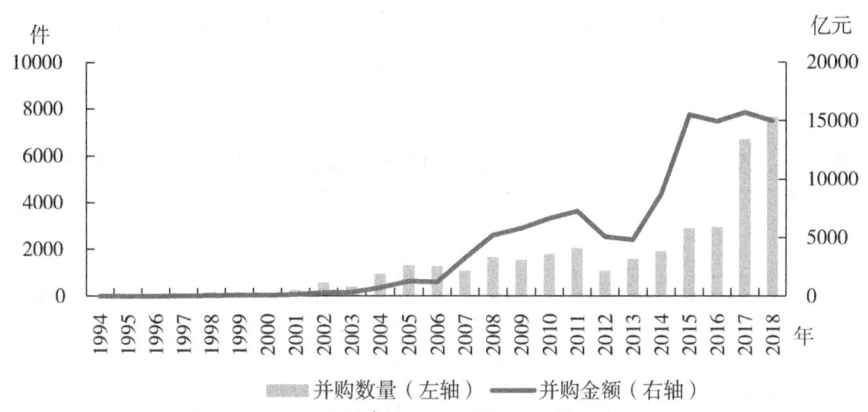

图 1.3 1994—2018 年中国境内并购数量与并购金额

(数据来源:国泰安并购数据库,经笔者计算所得)

根据国泰安并购数据库数据,1997—2018 年发生的并购事件中,并购双方均为上市公司的仅有 2979 个样本,更多的是非上市公司参与企业并购活动,并购活动在我国资本市场上非常活跃。

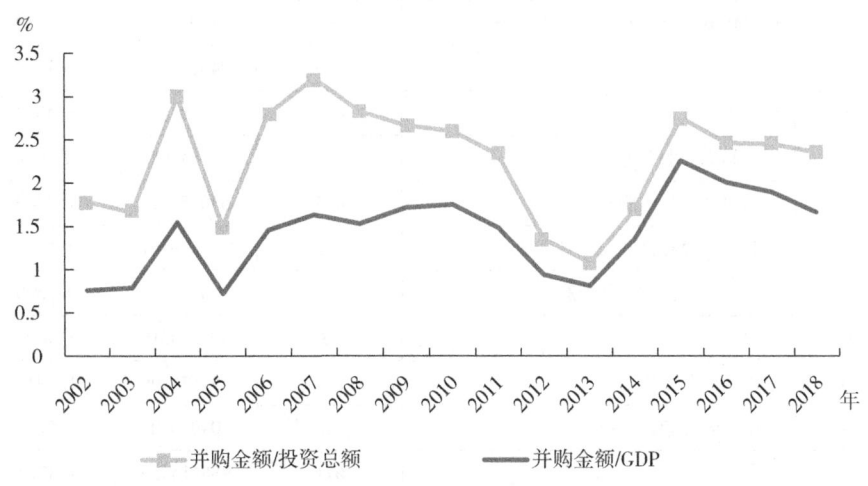

图 1.4 2002—2018 年中国境内并购金额占 GDP 比重

(数据来源:国泰安并购数据库,经笔者计算所得)

企业并购与实体经济资本配置效率研究

中国境内并购数量和并购金额自2012年快速增长，直至2018年两项指标均保持在较高水平。但在并购活动中，发生并购行业与并购金额不平衡趋势明显，表1.1是1995年1月1日至2019年1月10日所有并购成功的样本（剔除重复记录事件）所属行业与并购金额统计。可以看到，作为经济增长核心的制造业，虽然发生并购事件数量最多，但平均并购金额仅为2.13亿元，而金融业平均并购金额达9.77亿元；若统计泛金融行业，则平均并购金额达16.1亿元，远高于制造业。由此可以看到，在当前经济环境下，并购也呈现出向金融领域倾斜的趋势。

表1.1 1995年1月1日至2019年1月10日分行业的并购事件数与并购金额统计

行业代码	行业名称	披露金额事件数（件）	总金额（亿元）	平均并购金额（亿元）
A	农、林、牧、渔业	641	4605.0076	7.1841
B	采矿业	1170	8010.2573	6.8464
C	制造业	27803	59220.542	2.1300
D	电力、热力、燃气及水生产和供应业	1941	8126.8631	4.1869
E	建筑业	1272	4933.8559	3.8788
F	批发和零售业	3174	7834.4808	2.4683
G	交通运输、仓储和邮政业	1361	9166.8451	6.7354
H	住宿和餐饮业	174	384.80372	2.2115
I	信息传输、软件和信息技术服务业	3879	8129.8722	2.0959
J	金融业	865	8452.4825	9.7717
K	房地产业	4698	30068.828	6.4003
L	租赁和商务服务业	933	11754.652	12.5988
M	科学研究和技术服务业	415	570.56612	1.3749
N	水利、环境和公共设施管理业	673	1465.9157	2.1782
O	居民服务、修理和其他服务业	1	0.369	0.3690
P	教育	78	304.20816	3.9001
Q	卫生和社会工作	244	437.76596	1.7941
R	文化、体育和娱乐业	810	2040.6404	2.5193
S	综合	671	988.15429	1.4727

数据来源：国泰安并购数据库，经笔者整理所得。

1.1.2 研究意义

近年来,经济金融化问题逐渐成为全球理论界与实务界关注的焦点。一方面,该议题与经济学、政治学密切相关,也与社会学、管理学相互交融;另一方面,该议题与经济社会现实以及人们日常生活联系紧密,因此在这一主题上研究成果颇丰。大多数研究都是实证分析经济金融化的作用机制、影响因素及产生后果,但现有文献对经济金融化的定义莫衷一是,更别提对其进行定量测度。

并购作为企业成长、产业调整、经济发展的基本载体,以及共建"一带一路"下对外投资的重要方式,因其涉及众多经济主体、影响重大而成为研究的热点问题。已有研究主要围绕并购动因和并购绩效两个方面展开,并购动因的研究成果相对丰硕,也有相对清晰的理论脉络;但并购绩效的实证研究结果则因为采用方法和指标差异而不同。虽然"并购是资源再配置有效方式"这一命题得到共识,但其中具体机制还尚未明晰。有关并购收益、并购后整合以及并购的资源配置机制、效率等基本问题,仍处于"黑箱"状态。

综观现有文献,对企业并购与经济金融化之间关系的研究非常少。当中国经济转型从增量改革进入存量改革深水区时,更应当充分结合当前经济金融化这一经济社会的现实背景,深入探索作为再配置资源重要载体的企业并购发挥作用的渠道和机制路径。

1.2 核心概念的界定

1.2.1 经济金融化

很多学者都给出了经济金融化定义(张慕濒等,2013;谢长安等,2017;刘贯春等,2018),但所有这些定义只重点考察了经济金融化某一方面的特点或作用。张成思等(2015)、张成思(2019)对经济金融化逻辑内涵的界定更加全面,他指出经济金融化表示金融对经济领域的渗透和主导,主张从宏观"早期金融发展理论"、微观企业的金融化行为和中观资产或大宗商品的金融化三个层次阐释金融化的逻辑。对经济金融化作用机制的实证分析主要集中于金融化动机和金融化对实体企业主业发展(杜勇等,2017)、研发创新(王红建等,2017)等。

本书支持张成思教授（2019）对金融化内涵的界定，考虑到本书的研究对象主要是企业，因此计划从宏观和微观两个维度对经济金融化展开相关研究①。宏（中）观层面金融化集中于区域维度，借鉴张成思和张步昙（2015）对经济金融化定义的"分解"，从金融部门、非金融部门、资本市场和家庭四方面出发，综合研究区域金融化水平及其影响。微观层面集中在企业金融化维度，包含企业金融资产配置、金融投资及金融利润来源渠道三方面内容。

已有文献对区域金融化水平的定量测度较少，大多数衡量企业金融化程度，但由于使用的财务指标几乎不相同，导致企业金融化指数也存在较大差别。本书将在界定经济金融化范畴的基础上，分别量化测度区域金融化水平和企业金融化程度。

1.2.2 企业并购

并购作为企业低成本扩张的方式，是企业成长过程中的一条必经之路（J. Stigler，1996）。企业并购的本质与经济金融化有相似之处。经济金融化根本上是资本逐利特性使然，并购也是在资本驱动下完成的企业扩张，也要遵循资本运动规律。Coase（1973）产权理论就将并购作为双方企业外部交易费用内部化过程，从交易成本角度研究企业边界。并购行为通常会形成或关联两个市场，一个是企业内部资本市场，另一个是企业间外部资本市场。企业内部资本市场为双方开通了资源流动的渠道，要素在该市场上的转移就形成了双方的资源共享；而并购后企业与外部资本市场之间的关系是将并购双方看作放入资本市场中的一个整体，研究该整体在市场上的行为与表现。本书对并购范畴的界定也包含了这两个市场。

并购类型不同，研究侧重点也有所不同。根据并购双方所处行业是否相同，并购可分为横向并购、纵向并购和混合并购；根据并购双方是否处于同一区域，可将并购分为同属并购和异地并购；根据并购企业所有制性质，可分为国有企业并购和民营企业并购。囿于数据，本书主要关注同属并购和异地并购。结合经济金融化这一背景，本书还将考察并购双方企业是否属于泛金融类行业。笔者认为在经济金融化视角下对企业并购研究的范畴界定中，理应有一类是比较"非金融企业与金融企业之间的并购行为"与"同为

---

① 未涉及中观金融化层面主要从与本书研究主体契合度这一角度考虑。本书研究的落脚点是企业并购，与中观大宗商品关联度相对较小，因此本书从宏观、微观两个维度研究经济金融化的相关问题。

非金融企业或同为金融企业之间的并购行为"有何异同，而对"非金融企业对金融企业的并购行为"或"金融企业对非金融企业的并购行为"涉及对产融结合这一现实问题的思考，本书也尝试展开讨论。

1.2.3 实体经济资本配置效率

并购形成的企业内部资本市场和企业间外部资本市场恰好形成所要考察的资本配置效率的两部分内容，即对企业资本配置效率的研究可分解为企业内部的资本配置和企业之间的资本配置。本书既有对企业内部资本市场的考量，又有对企业间外部资本市场的定量测度。面临融资约束的企业在并购后融资约束得到缓解这一类问题可能既涉及企业内部资本市场，又与企业间外部资本市场有关。

资本配置效率的测度方法比较常见的是资本产出比或增量产出资本率，最直接也是现有研究中用得最多的是 Wurgler（2000）用投资弹性直接测度的方式。该方法用于描述资本逐利性，指出资本会由利润率较高地区（或行业）向利润率较低地区（或行业）转移。本书计划在衡量地区实体经济资本配置效率时以投资弹性方法予以测度。对实体企业资本配置效率度量的方法较多，大多采用企业财务指标，本书将使用非效率投资作为企业资本配置效率的量化测度指标，同时使用全要素生产率等展开量化分析。

这里需要着重说明的是"实体经济"这一概念范畴。成思危（1999）从政治经济学视角来定义实体经济，它是物质资料生产、分配、交换和消费的经济活动。实体经济最初指的就是实物资本的生产、投资、营运等活动。但随着信用的产生，实体经济逐渐脱离了实物资本，尤其在经济金融化过程中，实物资本被赋予了流动性（李扬，2017），成为可以在市场中交易的商品，这使实体经济的范畴更加难以界定。张成思（2019）提到的大宗商品本身也是实物商品金融化的表现。在本书中，实体经济资本配置效率涉及地区和企业两个层面。其中借鉴 Wurgler（2000）方法直接测度的区域层面资本配置效率所涉及的实体经济，是以各省份工业行业作为研究对象。而对企业层面资本配置效率所涉及的实体经济，则限于非金融类实体企业，即剔除包含金融类、保险类和房地产类的泛金融类企业。

1.3 研究思路与研究内容

1.3.1 研究思路

本书从经济金融化切入,探索企业并购引起资源要素在不同地区、不同企业间的配置机制与效率。首先,在理论层面,阐述企业并购的资本配置机制,从理论基础到并购影响资本配置的传导路径,再研究企业并购的资本配置效应。其次,从经济金融化视角展开,将经济金融化分为宏(中)观区域金融化和微观企业金融化,在此基础上分别研究并购与资本配置效率。其中,以区域金融化背景展开的是并购的地区实体经济资本配置效率,从企业金融化背景展开的是并购的实体企业资本配置效率。最后,对上述关键点展开拓展研究,具体包括:经济金融化视角下的异地并购资本配置效率,分析企业异地并购中的资本配置,重点考察不同区域金融化水平存在差异时的异地并购;对企业并购研究范畴拓展至非金融企业并购金融企业,探索产融结合的并购机制。

1.3.2 研究内容

全书从当前经济金融化现实切入,以并购影响资本配置的"理论基础—传导路径—效应机制"为主线,揭示经济金融化背景下资本配置的并购机制与效应。主要研究内容如下:

(1) 并购影响资本配置的理论基础。并购是存量资源再配置过程,资源要素沿着要素收益率高或要素利用率高的方向转移,增加生产率更高地区(行业)资源,减少资源在生产率较低地区(行业)的堆积;资源在企业并购双方转移降低交易成本,提高资源利用率,满足资源配置理论的基本原理。这是并购影响资本配置的基本理论,而不同并购动机遵循不同理论脉络。以交易成本为动机的并购基于产权理论,将企业双方外部交易费用内部化,资源从效率较低的企业再分配到效率较高的企业,并可能向效率更高的企业转移。市场化并购从管理协同、经营协同和财务协同三方面实现并购协同效应,改善企业管理效率、经营业绩和财务收益。芝加哥学派效率理论与传统市场势力理论的争论是并购动机研究的焦点。效率理论沿着"动机—行为—绩效"的研究范式,聚焦于并购实施过程及结果。而追求市场势力,提高市场竞争力则是市场势力理论关注的重点议题。本书重点研究资源再配置理论与协同效应在并购中影响资本配置的作用机理,并探索经济金融化背景下资本配置的并购机制。

(2) 并购影响资本配置的传导路径。并购如何作用于资本配置仍然是理论界和实务界的"黑箱"。结合经济金融化背景,在阐述并购作用于资本配置的理论基础上,本书着重考察并购通过融资可得性和并购可能性等渠道发挥的显著性作用。具体而言,经济金融化为并购提供的良好金融生态环境,既能提升企业融资能力,又能提供良好的制度环境和信用环境,还能提高并购可能性或增加并购规模。并购双方资源的再配置,也使并购成为企业外源融资的新方式,为企业持续发展提供驱动力。

(3) 并购影响资本配置的效应机制。企业并购是实体经济区域间和企业间资本配置的重要渠道,但经济金融化下金融资源配置影响并购行为,进而影响资本配置效率演进。总的来说,并购对缓解企业融资约束、形成协同效应都将有利于资本配置效率,具体可以从区域金融化和企业金融化两个维度展开。在区域层面,在借鉴 Wurgler (2000) 投资弹性模型估计地区实体经济资本配置效率的基础上,对区域金融化下并购的地区资本配置效应进行实证考察。着重研究异地并购对东部、中部、西部地区之间产业升级的影响,进而揭示区域经济协调发展的资本配置机制。在企业层面,基于双重差分模型估计并购对实体企业资本配置影响,重点考量以企业非效率投资、债务融资能力衡量的投融资效率和以全要素生产率、创新能力等为表征的资源配置效率,刻画存量资本在企业间的配置机制。

本书研究内容的结构安排如图 1.5 所示。

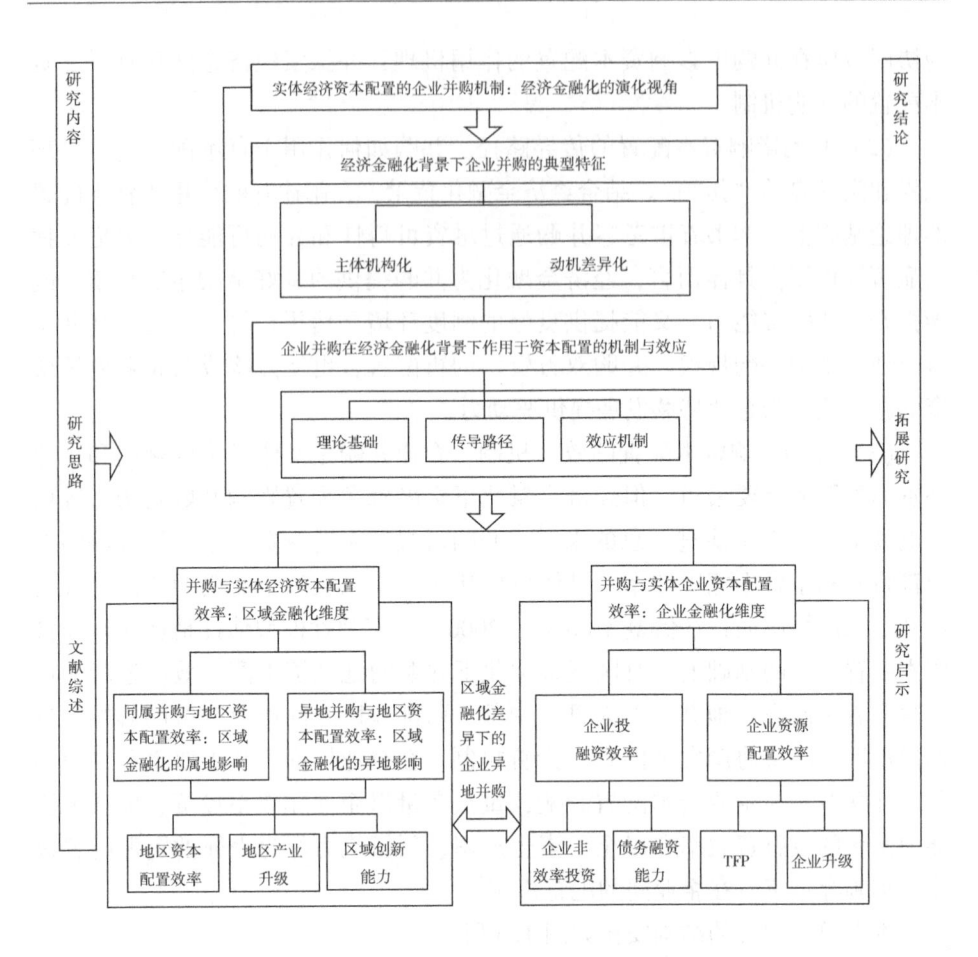

图 1.5　研究框架

1.4　主要创新点

资本配置效率及其影响机制是学术界历久弥新的核心理论问题与热点现实问题。现有研究成果中，或侧重影响资本配置的某些因素，如政府干预（王凤荣，2016）、金融生态环境、对外贸易等；或偏重考察资本配置的某一层面，包括跨国量化比较、地区间资本配置不平衡、企业内部资本市场配置等。但对于企业并购如何影响资本配置以及效率结果的文献并不多见。在我国经济由增量改革向存量改革转型的过程中，深入理解并购发挥存量资源再配置作用的可能渠道、过程和结果具有重大的战略意义和现实意义。另外，在当前我国经济金融化趋势渐显的背景下，并购作用机制与功能效应可能更为复杂化、动态化，因此有必要联系经济现实综合考量。

与以往研究相比，本书主要从两个方面进行了边际拓展，具体来说：

（1）在研究视角方面，本书创新性地以经济金融化切入，对并购与实体经济资本配置展开研究。具体而言，选取区域金融化维度和企业金融化维度两个研究视角，沿着"并购影响资本配置的理论基础—传导路径—效应机制"，实证分析并购的地区实体经济资本配置效应与实体企业资本配置效应。已有对经济金融化的研究主要将视角集中在微观企业层面或者宏观国家层面，成果颇为丰硕。而从区域层面研究经济金融化影响的文献较少，更不用说对其量化测度。本研究基于企业并购的资本配置分析框架，分别从区域和企业两个层面来剖析经济金融化的作用机制。从区域层面看，着重考察同区域金融化水平时，同属并购的地区资本配置机制与效应，以及区域金融化水平不同时，异地并购中的地区资本配置机制与效应。从企业层面看，侧重探究企业在金融化背景下并购的投融资效率和资源配置效率。

（2）在技术方法方面，一是构建区域金融化度量指标，丰富经济金融化理论的定量研究。现有文献对经济金融化的衡量多集中于企业层面，以财务指标评估企业金融化程度及其影响，但对区域金融化的量化研究并不多见。早期金融发展理论多用宏观经济指标来测度宏观金融化水平，如金融相关率FIR、FIRE部门的GDP贡献率、（存贷款余额+股票市价总值+保费收入）/GDP等，但这些指标或者仅从某一侧面反映经济金融化发展趋势，或者无法具体体现某一区域金融化程度。本书借鉴张成思等（2015）对经济金融化的界定，将区域金融化具体"分解"该地区金融部门相对于非金融部门的膨胀，非金融企业金融资源配置等8个指标以主成分分析法得到的数值代表某一区域金融化水平。进而探讨并比较区域金融化程度不同时，并购作用于资本配置的差异性。二是采用双重差分方法（DID）和三重差分方法（DDD）考察并购的实体企业资本配置的机制效应。现有文献对并购的资本配置效应多用财务指标进行分析，包括并购后绩效、融资约束是否缓解等，以DID方法和DDD方法进行研究的比较少。本书将并购视为企业的外生性冲击，通过比较并购前后经济变量的动态变化实证检验并购的企业资本配置效应机制。

1.5 局限与不足

本研究从资本配置的并购机制与效应出发，结合经济金融化现实，探究并购促进地区产业升级与企业成长的路径与政策，得出了一些有益结论。但限于数据、方法等原因，仍存在可以进一步深入研究的空间，主要体现在以下三个方面。

（1）区域金融化指标仍需要完善。现有研究中，明确对区域金融化进行定量测度的尚不多见，仅有的几篇是以（存贷款余额+股票市价总值+保费收入）/GDP（齐兰等，2017；徐云松等，2017）来衡量，虽然该指标包含金融机构与资本市场相关金融化信息，但按照经济金融化内涵来说尚不完全。经济金融化本质上是社会经济的全面金融化表现，本书借鉴张成思等（2015）界定并予以定量衡量，但作者认为这一量化研究仍需要继续完善。第一，既然是全面金融化，那么政府部门作为经济的重要组成部分，理应放入考量范畴，但目前政府部门的金融化是否能用地方政府债务等相关指标代替，理论上尚未厘清；第二，非金融部门金融化也有多项衡量指标，如何能较为全面地涵盖这些指标既是定量区域金融化程度的要点，也是企业金融化需要思考的问题之一。在未来研究中，笔者将进一步探索完善区域金融化指标。另外，对并购的相关研究还可以从产业角度展开，如相关性并购或混合并购等，但经过数据整理发现相关性并购事件较少，无法做进一步实证研究，因此本书并未做产业层面并购行为的相关研究，这也将成为未来继续深入研究的方向之一。

（2）未将制度环境因素及政策影响等纳入分析框架。研究并购的焦点之一集中在政府干预、政府竞争方面，这一领域成果颇丰。从本质上来说，中国转型经济阶段所呈现出的典型的不完全市场特征就是政府干预和政府竞争等相关问题。本研究并未对这一问题展开，原因在于对并购的作用机制尚未厘清，尤其在经济金融化背景下，并购的影响机理及表现更加复杂。有鉴于此，本书并未将制度环境因素和政府政策因素纳入研究框架中，研究重点集中于对并购在经济金融化背景下基本作用机制的探究，在未来研究中可以尝试将政府作用纳入分析框架中，深入考量外部因素对并购机制效应的影响机理。

（3）内生性问题。经济金融化是经济中众多主体的行为综合，因而相关变量或指标都具有一定的相关性，研究可能涉及内生性问题。例如，企业金融化与并购可能存在双向因果问题，即企业金融化对并购有影响，反过来也可能因为并购活动而使企业金融化程度呈现动态变化。本研究虽然以实证方法进行回归检验分析，但更多的是基于研究背景，即以"经济金融化"作为研究视角展开相关分析，因此文中对于类似并购对企业金融化影响的相关逆向因果关系问题尚未展开讨论，这将会成为今后继续研究的重要方向。其他内生性问题,本书虽然通过 DID 方法、变换变量或采取滞后一期变量等方法进行了稳健性检验,但仍然不足以充分规避内生性问题,可能会导致模型估计结果存在一定偏差。这也成为将来研究中需要持续关注并进一步解决的问题。

第 2 章 文献综述

企业并购作为存量资本配置的重要载体,在当前中国经济转型时期呈现蓬勃发展之势。大多数学者也认可并购会影响资本配置这一结论,但现有研究尚未形成较为完整的理论探讨和实证分析。尤其当我国经济金融化趋势渐显之际,对这一议题的探讨更为重要。本章在现有研究基础上,厘清经济金融化的内涵,遵循经济金融化发展演变,从企业并购与资本配置间关系、影响并购对资本配置作用因素、并购对资本配置作用结果等方面对现有文献进行评述,为后续研究提供文献支撑。

2.1 经济金融化的内涵及演化

对经济金融化[①]问题的关注由来已久,自 2008 年国际金融危机后,学者们对这一问题的研究更加深入、广泛;但时至今日对经济金融化的概念内涵仍未有统一的共识,各学派从不同视角展开对经济金融化内涵、驱动因素及影响等方面的研究。对已有金融化相关文献的梳理,既能够对经济金融化的发展演变有直观的认知,又能够更好地理解金融理论发展演变的历程。正如约翰·福斯特等(2010)所说:"金融化困境……只能从其历史演变方面来解释。"

2.1.1 经济金融化的内涵及测度

"金融化"是西方激进学者分析当代资本主义最重要的理论之一,是对20 世纪 80 年代以来发生在世界主要资本主义国家的、以金融为核心并支配实体经济的资本主义发展阶段的概括(赵峰等,2015)。20 世纪 70 年代末 80 年代初,资本主义发生了深刻的变化,其中最核心的变化就是金融部门的爆炸

---

① 笔者理解"经济金融化"可以简称"金融化",具体包含泛金融业金融化、微观企业金融化、粮食金融化、石油金融化等,因此本书将交替使用这两个概念。

性膨胀。国际理论界将这种现象称为经济金融化（栾文莲等，2017）。自2008年国际金融危机后，金融化更因为其在政治、经济、社会等的全面扩张而成为近年来各界广泛关注的议题。理论界对"金融化"的定义未达成共识，不同层次的金融化问题也有着迥然不同的理论和现实逻辑。

最早对金融化问题展开系统性研究的是垄断资本学派，其将金融化定义为"资本主义经济重心从生产到金融的长时间转向"[①]。该学派主要从资本积累角度来界定金融化，同时扩展了金融化的理论边界。代表人物保罗·巴兰和保罗·斯威齐等在《垄断资本》（1967）一文中将金融化界定为金融膨胀，强调经济中大量无法进入资本再循环的"剩余"资本由生产部门转移到金融部门，是垄断资本主义生产停滞的结果，是垄断资本主义消化经济剩余的一种方式（段平方，2012；姜海龙，2014）。斯威齐（1997）在《再谈全球化》一文中明确指出金融化是一种资本积累过程，是当代资本主义发展里程的三个重大趋势之一。约翰·福斯特（2010）将金融化定义为"经济活动的重心从产业部门转向金融部门"，但这种金融扩张方式仅仅是弥补经济停滞的一种方式，不可能从根本上破解生产停滞的难题。特定地域系统中劳动和资本过剩带来的过度积累可以通过"时间—空间修复"。这是大卫·哈维（2009）在《新帝国主义》一书中提出的"通过时间延迟和地理扩张解决资本主义危机的特殊方法"，表明金融化虽然"没有为资本主义经济危机提供一种潜在解决方法，至少也推迟了危机的产生"。而Stockhammer（2004）采用较窄口径界定金融化为非金融部门在金融市场上行为增加，并以其获得的收入流进行测度。

部分学者将金融市场及金融参与者的变化作为金融化定义中的主要对象。陶普罗斯基将金融化界定为资本市场的膨胀和金融体系的结构性变化。蒙哥马利（2012）通过对当代金融实际变化的论述，将金融化界定为当代金融在信贷和投资层面的新变化，个人、企业和宏观经济越来越受到金融市场影响的一种新发展趋势。奥祖尔·奥尔汉加济认为金融化是金融投资的增长以及向金融市场支付回报的增长，而经济的金融化与实际投资负相关，从而延缓资本积累。迪莫则将金融化定义为使用无数的新金融工具进行的金融交易的爆炸性增长。拉帕维查斯将家庭部门通过各种金融工具卷入金融化过程遭受剥削认为是金融化资本主义的根本特征。

[①] 张雪琴.金融化与金融利润之谜——评拉帕维查斯的金融利润理论[J].财经科学，2015(8)：44.

以法国调节学派为代表的金融权势膨胀论将金融机构政治影响力的重新崛起以及金融精英势力的不断膨胀看作金融化的主要驱动力（埃德温·狄更斯，2005），迪蒙和莱维（2005）从资本主义社会变迁的角度将金融化理解为"金融资本"（由资本所有者的上层和金融机构组成）权力的重新恢复和扩张，即金融资本这样一个食利者特定阶层的收入、财富和权力的恢复及其政治、经济势力的不断增强。萨米尔·阿明（2013）将金融化界定为收入即财富分配日益不平等的原因。希法亭衣钵的继承者则认为，金融化有助于食利者这一特定阶层的政治、经济势力不断增强（爱泼斯坦，2005）。

金融化在微观企业层面的定义也得到众多学者的认可，尤其是非金融企业金融化更是得到广泛关注。其一，从非金融企业投融资行为视角的定义。Sen 等（2015）发现非金融企业越来越偏好金融资产投资，对外源融资依赖度更高，且外源融资来源中，银行信贷比例大幅缩减。其二，从非金融企业参与金融市场获利视角进行界定。Stockhammer（2004，2010）从股东价值导向角度对非金融企业金融化进行了研究，他认为非金融企业金融化是企业负债率不断攀升、股票回购和分红活动不断增多、参与金融市场的积极性不断增强的过程。克瑞普纳从积累为中心视角定义金融化是企业（无论是金融企业还是非金融企业）的利润越来越多，并已经主要来自金融渠道而非商品制造和贸易。上述定义可以概括为非金融企业日益增加的金融投资、金融收益及金融支付。

上述文献分别从资本积累模式、金融市场及金融参与主体、食利者阶层及微观企业四个方面给出了金融化的具体定义，可以看到这些定义集中于金融化现象的某一方面。而相对全面、界定相对宽泛、被广为接受的是爱泼斯坦对金融化的界定：金融化是指金融动机、金融市场、金融参与者和金融机构在国内及国际经济运行中的地位不断提升。该定义蕴含金融化在宏观层面的具体表现：一是金融利润在总利润中所占比重越来越大；二是相比于GDP，债务日益增加；三是泛金融部门（金融、保险和房地产）在国民收入中所占比重上升；四是出现了各种奇怪的金融工具；五是金融泡沫扩大（张雪琴，2015）。这也可以认为是区域金融化的集中表现。

王广谦（1996）是较早使用"经济金融化"这一术语的国内学者，他将金融化定义为"一国国民经济中货币及非货币性金融工具总值与经济产出总量之比值的提高过程及趋势"。随着金融市场化的推进，以货币视角界定的金融化理论范畴也相应有所扩展，"金融化成为与货币化、货币资本化和资本虚拟化相联系的一种经济现象"（陈享光，2016）。综观国内对金融化内涵的研究，大致可以2008年为界分为两个阶段。2008年国际金融危机之前的研究基本上忽略了金融化与金融发展理论间的差异。从"金融发展理论""金融抑制论"和"金融深化论"，到"金融约束论"（青木昌彦，1998）和"金融结构论"，遵循金融促进经济发展的理论脉络，学者们提出有益于我国经济增长的金融发展的机制路径（谈儒勇，1999；沈坤荣等，2004；王洪斌等，2008），即在金融结构（林毅夫等，2009）与金融制度（张杰，1995；王凤荣，2002）方面推行实质性改革。上述基于新古典经济学派视角，从宏观层面得到金融化与"金融深化""金融发展"和"金融增长"等表述上的一致性认识（张成思，2019）。但从经济金融化"度"的视角来看，"金融深化""金融发展"等更倾向于强调金融对经济发展的积极促进作用，这与当时经济发展大背景相一致；而经济金融化更倾向于强调金融的过度发展对经济的负面影响，因此才说经济金融化可以认为是早期"金融发展理论"的同义语①。

而自国际金融危机后，除了延续以资本积累机制转变为特征的金融化定义（徐丹丹等，2011；马锦生，2014；姜海龙，2014；银锋，2012；程恩富等，2016）外，国内学者对金融化的研究聚焦于传统金融发展理论一直忽视的非金融企业的金融活动（张慕濒，2013）。蔡明荣等（2014）从企业偏好于资本市场运作的行为和企业利润更加依赖金融收益的结果两个角度来界定非金融企业金融化。张成思等（2015）将经济金融化定义为以下四种：经济体中的金融部门、金融资产相对于非金融部门和实物资产的膨胀；非金融企业的利润越来越多地通过金融渠道而不是传统的商品生产与贸易渠道获得；食利阶层财富和权势膨胀；以及从金融资产结构变化视角看资产证券化的兴起，这四种定义分别从宏观、微观和中观三个层次阐释了金融化的逻辑（张成思，2019），也反映了金融化本质上就是资本的逐利性，正是这种本性决定了金融化在不同发展阶段存在初级、中级和高级三种不同形态（谢长安，2017）。

对经济金融化量化测度的文献相对较少。早期研究主要从宏观视角对金融化定量评价。具体衡量指标包括：金融部门的产出占GDP或净收入的比重、金融相关率（FIR）或货币化比率（M2/GDP）。Levine（1997）从金融中介视角在信贷市场和证券市场上分别选取商业信贷/信贷总额、证券资产换手率、交易比率作为定量测度金融化水平的指标。随着金融化理论的发展以

---

① 经济金融化与"金融深化""金融发展"间的比较借鉴了张成思（2019）文中所述，以"价值观"作为比较的基础，笔者认为上述理论间差异在于经济金融化程度。

及金融化在全球化、金融自由化过程中主导地位的确立，也有学者使用国际资本流动量比世界总产出和产品与服务的贸易量增长更快作为金融化的衡量指标。Stockhammer（2004）、Crotty（2005）则以非金融部门的金融收益与金融投资作为对金融化水平的量化评价指标。蔡则祥（2004）是国内较早试图对经济金融化进行测度的学者。他认为经济金融化的指标测度是从戈德史密斯以金融中介资产对GNP的比重开始的，而经济金融化是一国国民经济中货币及非货币性金融工具总值与国民财富总值比值的提高过程及趋势（王广谦，1996）。由此他构建了经济货币化、经济信用化、经济证券化、经济虚拟化组合的指标体系来衡量我国的经济金融化程度。宋仁霞（2008）构建了包含金融资产数量及占比、各类金融工具数量规模及比例，以及各类金融工具获利能力和回报水平的指标体系，从规模化、结构性、渗透性和效率性四方面考察"经济金融化"程度。早期金融化的定量描述仍是在指标体系基础上的单项指标对比，而且未涵盖非金融企业金融化，因此测度不够准确。其他与金融化相关的主要是金融市场化指数的设计（黄金老，2001；庄晓玖，2007）。张慕濒（2013）参考了Krippner（2008）和Milberg（2008）对于金融化的量化分析框架，主要从规模、结构两方面对宏观、部门和行业三个层次的金融化水平进行了单项指标的对比。张成思等（2015）分别以金融部门、泛金融行业（包括金融、保险和房地产行业）的GDP贡献率和就业人口占比来测度我国经济金融化的演进。裴祥宇（2017）选取金融部门、非金融企业、家庭部门和政府部门共21个变量，采用模糊层次分析法和熵值法对美国经济金融化程度进行了综合评价，得到美国经济金融化程度不断增强的结论。田新民（2018）运用主成分分析法将金融部门膨胀、金融资产规模和债务扩张三个维度7个指标合成得到中国金融化指数，结论显示从1992年到2016年中国经济金融化虽然表现出一定的波动性，但总体呈现稳步上升的态势。宋启成（2018）选取FIRE产值/GDP、FIRE行业就业人数占总就业人数的比重、各省份总金融资产与总贷款的比值、货币供应量/GDP和城镇居民资本性收入占比5个指标，通过因子分析法合成地区金融化水平评价指数。

企业金融化程度的定量研究更倾向于非金融企业的金融化水平，采用企业财务报表中相关指标进行度量。学者们使用较多的有三项：（1）非金融企业利润来源日益倚重金融渠道（张慕濒等，2013；蔡明荣等，2014），即金融收益率＝企业金融渠道获利/总营业利润；（2）非金融企业的金融投资占比日益高涨（宋军等，2015；彭俞超等，2018），即金融投资率＝投资支付的现金/投资活动现金流出；（3）非金融企业的金融资产持有比率日益增长（谢家智等，2014；邓迦予，2014；宋军等，2015；杜勇等，2017；张成思，2019），即金融资产持有率=金融资产/总资产。在这三项定量测度指标中，金融收益率和金融资产持有率分歧较大，主要原因在于对企业金融收益和金融资产所涵盖范围的认识不同。具体来说，根据 Demir（2009）定义，金融资产包括货币资金、持有至到期投资、交易性金融资产、投资性房地产、可供出售的金融资产、长期股权投资以及应收股利和应收利息，这是广义金融资产的范畴。狭义金融资产的界定是在广义金融资产的基础上，剔除长期股权投资[①]。随着我国金融化趋势明显，影子银行业务发展迅速，因此彭俞超等（2018）对金融资产范畴的界定还包含衍生性金融资产，杜勇等（2018）则在彭文基础上，又加入发放贷款及垫款净额。对于金融收益的范畴界定也随着金融化发展而变化。Arrighi（1996）提到广义金融化水平与狭义金融化水平，二者的差异在于界定的金融渠道获利范畴不同。广义金融渠道获利包括非金融企业投资收益、公允价值变动损益、净汇兑收益以及其他综合收益加总，而狭义指标则剔除合营企业与联营企业的投资收益与其他综合收益。刘珺等（2014）则采用扣除公司对联营企业和合营企业的投资收益后的投资净收益作为类金融资产的投资收益。

2.1.2　缘起于金融资本的经济金融化的演化逻辑

经济金融化的内涵应当以金融资本作为研究起点。马克思虽然未明确使用"金融资本"这一术语，但生息资本本质与"金融资本"类似：生息资本从产业资本中独立出来，经历没有中间商品的 M—M 过程，参与剩余价值的分配。本法因认为包括生息资本、虚拟资本以及其他形式的商业资本的混合体便是资本主义制度自 20 世纪 70 年代以来表现得越来越明显的金融化特征的胚胎形式[②]。

自保尔·拉法格提出"金融资本"这一概念后，奥地利学者鲁道夫·希法亭在《金融资本——资本主义最新发展的研究》中明确界定"金融资本"是"固定在产业资本中的银行资本"，强调了银行资本在与产业资本融合过程中的统治地位（费利群，2011）。这种生产领域中资本关系的变化是金融资本

---

① 彭俞超（2018）提到长期股权投资中对金融机构的股权也属于企业持有的金融资产［这一点宋军和陆旸（2015）也进行了说明］，但是在其文中使用的均是季度数据，无法从年度财务报表中获得季度长期股权投资，因此没有放入金融资产中。

② 姜海龙，邵芳强．"金融化悖论"：资本积累模式的变化及其后果［J］．经济研究导刊，2014（25）：8．

形成的基础,也是列宁在《帝国主义是资本主义的最高阶段》中强调的"帝国主义的特点,恰好不是工业资本而是金融资本"(程恩富等,2016)。在希法亭—列宁的理论中,金融资本以股份公司等形式实质性地参与到工业组织中,并与工业资本融合生长,是金融资本取得利润的方式(孟捷,2014)。

这种金融资本与工业资本融合生长的方式在资本主义经济发展初期对经济增长的促进作用符合"金融发展理论"。而20世纪70年代,资本主义国家经济陷入"滞胀",新自由主义逐渐占据主导,作为一种新的生产方法、新的积累方式,以金融垄断作为其理论基础,放松金融管制、开放金融业务、推动金融自由化作为其政策工具,从而助推金融化(栾文莲等,2017)。从一定程度上看,金融发展和金融化是同一事物在不同阶段的表现。在相对早期,金融部门的发展程度不足以匹配经济的规模和对金融服务的需求,经济中需要金融部门帮助克服的摩擦较多,则金融发展对经济的促进作用较大(张成思,2019)。经济金融化趋势逐渐成为经济全球化和自由化的主导模式,也推动着发展中国家由"金融抑制""金融深化"向经济金融化转变。赫德森指出金融资本大国利用自己的经济、军事和政治优势将外国尤其是发展中国家的经济金融化,通过此方式,再辅以其他手段,将大量利润转移到国内,这是20世纪90年代世界范围内的"规模最大的一次财产转移"。

这种因为经济停滞导致金融化的观点是激进政治经济学派对金融化现象的认识,Baran & Sweezy(1967)、Arrighi(1994)、Harvey(2005)都是有代表性的研究成果。经济停滞状态下大量的"剩余资本"被转移到金融部门,金融投机活动也随之增加,金融化由此产生(赵磊,2013)。这也导致了利润率的显著下降,为金融危机埋下隐患。"金融化导致了生产停滞",持有这一观点的后凯恩斯主义同时认为金融不稳定与经济停滞的主要原因是新自由主义政策。Orhangazi(2008)认为经济的金融化是延缓资本积累的主要原因。Epstein(2005)则用"越来越多"形容金融行业的扩张与膨胀。Palley(2007)更倾向于认为金融化是金融过度的同义语。随着资本主义金融资产积累模式与调节机制的产生,实际投资减少而延缓了实体资本积累,这种积累模式存在极大的不稳定性。

从微观企业层面来看,金融资本独立于产业资本单独进入资本循环,直接履行"$G\text{-}\Delta G$"的过程是企业金融化的本质特征,企业金融化是经济金融化的微观表象。金融资本并没有改变分割剩余价值的根本属性,改变的只是分割的模式和比例(宁殿霞,2017)。"非金融企业卷入金融市场""各种经济行为的核心从生产部门和一些外延的服务部门变为金融部门",而使"企业利润的积累日益依靠金融渠道而不是传统的贸易和商品生产"。企业金融化源于经济中生产关系的变化,金融实务以及金融体系发展对公司治理股东价值论的影响(张成思,2019)。20 世纪 70 年代的滞胀是企业获利能力的危机,西方资本市场的大发展带来了股东价值最大化的诉求(张成思,2019),"根据可赚取的短期回报率配置或重新配置的一个资产束"的"企业投资组合观"导致非金融企业管理者由追求企业绩效的长期增长转变为追求股东价值最大化的短期行为(蔡明荣等,2014;张成思,2019)。企业的发展严重依赖其在金融市场的表现,也更加侧重市值管理、股权运营(如并购、抵押)等金融行为,企业利润的积累也越来越多地从金融渠道获得(张成思,2019)。

根据以上金融化演变历程的梳理可以看到,对金融化的研究主要从宏观和微观两个层面展开。宏观层面的金融化在理论上与金融发展、金融深化或金融抑制一脉相承,微观层面的金融化则探究企业尤其是非金融企业自身参与金融市场活动的行为与结果。企业金融化需要在金融市场实现,金融市场的发展依赖金融发展以及与金融市场相关的金融工具、金融机构等的扩张与功能的增强。而"从理论逻辑上来说,早期金融发展理论的价值观强调金融对经济发展的促进作用,新近金融化学说的价值观基础则是金融过度膨胀对经济发展的负面效应"。"企业层面的微观金融化与宏观层面的金融化实际上具有内在融合、深度关联的特性。"[①]

以金融资本为逻辑起点的金融化,从宏观层面来看,根本上表现为金融资本在经济体系中的独立循环。从希法亭—列宁时代金融资本与工业资本融合并服务于生产活动,到金融化时期金融资本越来越脱离产业资本循环而具有独立化倾向,并逐步使工业资本从属于金融资本(江涌,2016)。西方金融资本逐渐通过金融全球化和国际通货的美元化,推动资本主义体系在全球进一步大扩张,垄断资本主义经济走向更高程度的金融化(程恩富等,2016)。从微观层面来看,企业金融资本从生产领域进入流通领域,在时空上实现对使用价值的生产和资源配置的有效控制(李其庆,2007),同时颠覆性改变获取利润的主要途径和手段(漆志平,2009)。

现有文献多以发达国家理论与实践为研究对象,"从相当程度上反映了市场主导型金融体系背景下学术界对'金融化'逻辑的理解"(张成思,2019)。虽然中国是银行主导型金融体系,且金融发展阶段有所不同,但对于"以'金融资本逐渐倾向于独立循环'为逻辑起点"来说,各国对金融化内

[①] 张成思. 金融化的逻辑与反思 [J]. 经济研究, 2019, 54 (11): 6.

涵的理解是一致的。

2.1.3 经济金融化对实体经济的影响

传统金融发展理论强调金融是经济增长的"驱动引擎","金融功能观"所展示的金融体系的六大核心功能直接关系到经济增长的速度和质量（张晓朴，2014）。而西方马克思主义政治经济学流派将金融化与"脆弱性"和"金融危机"等负面表述放在一起。企业金融化一方面有助于缓解企业融资约束，另一方面也会挤出实际投资。因此，笔者认为"金融化是一把'双刃剑'"的内涵，除了包含金融化对宏微观经济的正向或负向作用，还应当以"度"来考察金融化的促进或抑制作用。由此可见，经济金融化更应当以中性概念来看待（张成思，2019）。

传统金融发展理论加入金融自由化与经济全球化理念，使各国金融部门迅速扩张，直至2008年爆发由次贷危机引发的国际金融危机，传统的"金融发展支持经济增长"的观点受到正面挑战，理论界与实务界将关注的焦点集中于"金融是否存在过度"议题。国际货币基金组织（IMF）和国际清算银行提出"金融过度论"，认为金融发展（包括金融全球化）并不总是单向促进经济增长，而是有边界的，超过一定范围的金融发展反而会阻碍经济增长（张晓朴，2014）。其实早在20世纪80年代已有学者意识到金融发展可能存在过度的问题。Tobin（1984）提到："我们把越来越多的资源，包括年轻的人力资本投入到远离生产产品和服务的金融活动中，投入到获取与其社会生产力不相称的高额私人收入的活动中……金融部门的社会产出低于其私人收入，过大的金融部门将从生产性部门中'偷取'人力资本，从而导致社会资源无效，最坏的结果是金融部门不再具有生产效益"（胡海峰，2013）。Cecchetti & Kharroubi（2012）实证发现金融发展对经济增长存在倒"U"形的"阈值效应"，金融发展存在一个特定点位（这个点位因不同的经济体而不同），超过这一特定点位的金融部门将对经济增长带来不利影响，极端时会造成危机。甚至有学者如Acand J. L.等（2012）估计这一特定点位相当于金融业发展总额占GDP比值的80%~100%。

谢长安（2017）将金融化水平按照程度由低到高分为初级、中级和高级三个形态，其中高级形态的金融化代表了过度金融化水平。过度金融化对经济的影响体现在削弱实体经济投资、增加社会投机行为、产业逐渐空心化、食利阶层过度膨胀造成的收入不平等以及社会信用体系的破坏（文红星，2016）。

2.2 企业并购的资本配置机制与效应

资本配置是资源配置的核心，通过市场把资本配置给不同组织形态的企业，再由企业将资本配置到各子公司或各项目中（卢建新，2008；王竹泉等，2017）。资本配置既包含增量资本的配置，也包括对存量资本的配置（李治国等，2003）。从企业自身来说，并购是企业低成本扩张的方式；从经济整体来看，并购是存量资源的配置方式，形成了资本的再配置。尤其是异地并购，更体现了存量资源配置的过程与结果。资本配置效率有广义与狭义之分。前者涵盖了宏观、中观和微观层面资本配置效率的研究内容，后者侧重于微观企业层面的研究。并购对存量资产在不同地区、不同行业、不同所有制企业之间的分拆、裂变、流动和重新组合，从而实现产业结构的调整和优化，进而改善资源配置效率（顾保国，1999）。

2.2.1 并购的资本配置效应——地区层面

对于地区资本配置效率的研究，现有文献大多是从影响因素（才国伟等，2009；陆桂贤等，2016）、区域比较（沈能等，2005；张国富等，2010；黄玖立等，2016）及定量测度（李青原等，2010，2013）展开。也有学者从资本错配视角考察资本配置效率问题（邓晓兰等，2014；白俊红等，2018；徐璋勇等，2019）。曼德科尔将并购视为"市场体系借以替代低效管理的一种机制"[①]，正体现了并购所具有的改善公司治理、优化资源配置、提高企业价值的相关功能。

资本配置效率用于衡量资本运行效率，它表明资本按照收益率高低配置且无限逼近帕累托最优状态。大多数研究使用资本产出比（K/Y）或增量产出资本率（ICOR）对资本配置效率进行测度，但也有学者认为上述两个指标并不能够直接体现资本配置效率的高低（才国伟，2009）。直接对资本配置效率进行测度的是 Wurgler（2000）资本配置效率模型，在该模型中资本配置效率的提高通过投资弹性表示，意味着资本由回报率较低的行业（或地区）向回报率较高的行业（或地区）流动。并购虽然是企业自身投资决策，但随着并购的完成，对并购双方以及所属地区经济、就业等均会产生重大影响。Williamson（1988）通过社会福利权衡模型比较并购带来的成本降低（效率

[①] 王是平. 并购企业高层管理团队胜任特征模型的理论与实证研究 [D]. 复旦大学，2009：9.

的提高）和可能造成的价格上升（垄断力的增强）来分析并购对社会福利价值的影响。① 我国早期企业并购主要是实现国有资本跨部门的转移，有利于盘活国有资产存量，改善资源配置效率（汤文仙等，2004）。并购后企业能否达到规模经济或范围经济的前提条件是并购双方资源的相似性或互补性，在资源理论基础上的并购扩张会影响资源配置效率和并购的价值创造（赵立彬，2013）。企业所属区域特点，如市场化程度、经济发展水平以及开放程度决定了企业是否参与并购及并购效率。异地并购所代表的资本流动的微观过程，兼具跨区性和流量性特征（王凤荣等，2015），但地方保护主义带来的市场分割限制了存量资本的跨区域流动（王凤荣等，2013）。同时地方政府出于政绩考虑——地方失业率、地方经济增长指标、本地企业利润率等，更倾向于主导其直接控制的国有企业的兼并收购活动（陈信元等，2007）。本地要素条件，尤其是当资本市场、客户需求与专业化人才无法满足企业发展诉求时，当地企业会通过并购进行升级和扩张。上述地方政府对并购活动的"支持之手"与"掠夺之手"对资源配置效率、经济增长产生影响（潘红波等，2011）。

企业并购大多发生在经济高速增长时期，随经济总体水平波动（张德亮，2003；王凤荣，2016）。但在我国市场化进程中，存在多种影响企业是否参与并购投资的因素，进而作用于地区资本配置效率。企业融资能力是并购交易达成不可或缺的先决条件，现实不完善的金融市场环境可能导致具有并购机会的企业面临融资约束问题（周守华等，2016）。金融发展水平越高，垂直整合程度也会越高。如果金融发展水平较低，公司会因为无法获得并购所需信贷资金而进行纵向一体化（赵立彬，2013）。从市场资源配置的角度可知，并购对优化产业结构和完善产业链布局具有直接效果，具体则由并购的资源配置方式的特点决定（姚晓生等，2004）。

2.2.2 并购的资本配置效应——公司层面

公司层面的资本配置效率是宏观经济增长的微观基础。并购是企业投资的重要组成部分，即通过重组企业间资源，既可以通过并购交易直接影响企业的整体绩效，也能通过改变企业进入和退出的激励机制，间接影响企业的整体绩效。特别是，并购市场的存在通过个体并购前景和进入时的盈利水平

---

① 孙自愿，梁庆平，卫慧芳. 政府干预、公司特征与并购扩张价值创造——基于资源基础理论视角 [J]. 北京工商大学学报（社会科学版），2013, 28 (6)：58.

影响具有新产品创意的企业家的进入决策,共同影响新进入者的数量和质量。并购是将资本从生产效率较低的企业再分配到生产效率较高的企业的直接方式,可能伴随着经济活动向效率更高的公司转移。因此,阻碍生产性资本再分配的摩擦会加剧分配不当,降低总生产率。微观资本配置及其效率研究,最有代表性的是芝加哥学派效率理论。沿着"动机—行为—绩效"的研究范式,学者们聚焦于射手企业(主并购方),考察强势企业如何发起与实施对弱势企业的并购及其结果。在并购动机和行为方面,既有文献从交易费用理论、委托代理理论、资源匹配理论、市场势力理论等方面(陈玉罡等,2007;苏敬勤等,2013)进行了卓有成效的探索。并购通过需求管理和资本利用率提高,提升了生产率和利润率,提供了一条刺激经济增长的新途径。

从理论上说,企业资本配置效率可根据企业投融资水平来直接测度,例如,选取代表投资效率的投资对托宾 Q(陈德球等,2012,2017)和代表融资约束程度的投资—现金流敏感性(陈德球等,2012)来定量分析。现有文献也采取多角度间接对企业资本配置效率进行衡量,具体包括并购后并购双方企业价值、绩效以及生产效率,从而导致更高的运营利润和/或减少资本支出。由于指标选取、样本来源、时间窗口等不同,企业资本配置效率的实证结果也存在较大差异。早期文献主要发现,现金充裕的公司进行价值破坏性收购;而 Healy 等(1992)、Graham 等(2002)、Denis & Sibilkov(2010)估计并购后绩效,发现并购后经营业绩有所改善,但这一收益来自资产周转率的改善,而非运营利润率。敌意收购和投标报价对目标公司明显有利。其他相关文献讨论了并购在提高资源利用效率或是改善企业财务状况方面的积极作用,也可认为是对资本配置效率的间接考量。

并购的资本配置效率因受到多重因素影响而产生偏差。源于经济动机主动发起的市场化并购能够显著改善企业的管理效率和经营业绩,换言之,市场化的并购行为对企业经营效率的提高和资源配置的优化有显著的促进作用(李善民等,2003)。然而并购往往会受到政府行政干预,尤其是地方政府出于地方保护主义和地方政府官员考核需要时,这种并购行为在国有企业并购中表现得更为突出。相较于非国有企业,国有企业与政府的天然血缘关系,使国有企业承担了更多的政策性负担,因此在经营决策中更需要配合政府行为(曾庆生等,2006)。我国早期"拉郎配式"的并购显然无法改善企业的资本配置效率。地方制度与创新环境是影响企业参与并购投资的重要因素,相关研究指出,区域制度变革推动了企业所有制、政府激励政策以及市场结构与范围等转变,也能激发企业更多地参与并购活动(吴加伟,2017)。

对于并购影响企业资本配置效率的实证结果显示，大部分公司通过并购提高了经营效率，增加了利润，改善了资本配置效率（李心丹等，2003）。

在并购收益方面，学者们主要围绕协同效应进行阐释。Sirower（1997）认为协同效应是并购活动中的主要推动因素，Evans & Bishop（2003）明确提出公司并购重组的核心魅力在于协同效应。来自融资约束改善的财务协同效应能够激励某些收购的发生，但却不可能是唯一因素。因为大量证据表明，经营协同效应、管理协同效应和财务协同效应既是决定收购的重要因素（郑文风等，2018），也是并购收益的重要来源（张宗新等，2003）。并购企业自身特质可能带来协同效应，海外企业积极寻求并购美国本土企业的重要原因之一就是获取更便利权益融资权利的比较优势，这也使拥有银行融资支持的企业更可能成为被并购目标，对这类企业进行并购能够帮助主并企业降低融资成本并提高可能获得的信贷供给。而寻求技术协同效应也是并购的动因之一，这将有助于促进技术资源的重新配置。归根结底，并购协同效应的本质在于，两个公司合并将导致效率提高或成本降低，能够更适当地分配稀缺资源。此外，通过基于成本的协同效应和基于收益的协同效应，可以在横向合并中创造价值。

2.3 经济金融化的资本配置效应

经济金融化丰富的内涵和多层次的理论逻辑都展示了"金融化"不能简单地定义为好或者坏，应当从中立的视角加以研究。早期金融化研究中，大多数学者持有与早期金融发展理论一致的观点[①]，认为金融对经济发展有促进作用，并积极探讨金融与经济增长之间的相互作用关系。随着现代金融学宏微观范式结构性转变及金融实务的发展（张成思，2019），企业金融化得到更多的关注，对其的探讨也从表象、动机（彭俞超等，2018）拓展至作用（张成思等，2015）及影响（杜勇等，2017，2019；张成思等，2018）。

2.3.1 经济金融化对资本配置的异质性作用

宏观视角的经济金融化学说和金融发展理论是同一事物在不同阶段的表现（张成思，2019）。西方激进主义更强调金融化过度发展及对经济发展的负向效应，而早期的金融发展理论从理论与实务方面对金融促进经济增长进行

---

① 有部分学者很早就意识到经济金融化存在"度"的问题，前文已有对相关文献的梳理。

第 2 章 文献综述

了深入的研究。

以 McKinnon（1973）和 Shaw（1973）为代表的新古典经济学派认为金融抑制的副作用，尤其会危害发展中国家经济，因此放开金融市场，实现金融自由化可促进经济增长。金融的资源配置、风险管理和价格发现功能，能为实体部门融资，促进企业投融资和创新活动，进而实现经济增长（李建军等，2019）。而且金融发展能够增加资本积累，提高金融资源配置效率，减少金融摩擦，降低要素配置的扭曲，促进经济增长。我国在对金融发展与经济增长之间关系的研究中有丰富的成果。金融依托其方便流通、促进资金融通等特点能直接推动经济增长（王广谦，1996），但我国以大银行为主的金融结构不可避免地使中小企业陷入融资困境，因此发展和完善中小金融机构才是解决中小企业融资难问题的根本出路（林毅夫等，2001）。而我国金融自由化的深入、金融中介深化发展将提高生产率，进而推动经济增长（张军等，2005）。之后大量文献从实证角度进一步验证了金融发展与资本配置效率呈正相关关系（潘文卿等，2003；李青原等，2013；刘贯春等，2017）。

随着经济增速放缓，金融创新不断增加，尤其在 2008 年国际金融危机之后，金融体系与实体经济之间形成竞争之势，甚至有超过并脱离迹象。金融过度发展对资本配置效率的影响突出体现在金融资源在金融部门与实体经济部门之间失衡，以及金融资源在低效率部门与大量成长性良好的市场化部门和中小企业之间的失衡（巴曙松，2013）。这种金融部门膨胀、金融资产过大过快增长却配置失衡会导致实体经济"脱实向虚"，即经济金融化现象，这将扭曲资本要素配置，阻碍经济发展。鉴于此，有学者开始对金融发展促进经济增长的长期有效性提出质疑，并提出金融发展与经济增长的关系可能存在"度"的限制（许文彬，2008）。国内外学者展开对金融发展边界，也就是"金融阈值"的探索（白钦先等，2009）。实证主要从两方面考察：一是私人信贷与 GDP 的比值大小，所得结论不唯一，但越是近期样本，该比值越小；且与经济正常运行时相比，危机发生时期，该比值越大。二是金融部门与生产部门增长率之差及就业人数的差值，该差值越大，过度金融化程度越大。金融化水平表明，当金融与经济增长相匹配时，可以发挥优化资源配置，提高投资效率的功能；但是当金融发展过度时，继续发展金融不仅不能提高投资效率，甚至会产生资源错配，对经济增长产生负面影响（杨文溥，2019）。

企业金融化①是经济金融化的微观层面，它对资本配置效率的影响与企业金融化的动机密切相关。非金融企业金融化动机有两种，一种是按照凯恩斯的预防性储蓄理论（1936），即为应对潜在正向收益的项目或预防不确定风险，非金融企业增加持有流动性较强的金融资产或运用部分闲置资金进行短期金融资本投资，学者们将这一影响称为"蓄水池效应"（胡奕明等，2017；杜勇等，2018）。配置金融资产有助于缓解非金融企业融资约束（盛明泉等，2018），降低融资成本。按照企业融资的"啄序理论"，当面临融资约束时，企业会优先选择融资成本几乎可以忽略不计的内源性资金，其次才选择外源性资金渠道。若资本市场完善，没有金融摩擦存在，那么外源融资成本为零。但现实中外源融资成本不可能为零，且外源融资可能面临不足的情况，尤其在金融危机爆发时，融资成本更可能增加。因此非金融企业将闲置的产业资本金融化拓宽了资本来源渠道（刘端等，2015），这种"盈余效应"能平滑未来实体投资与研发创新活动的需要（胡奕明等，2017；刘贯春等，2019）。持股金融机构，尤其是民营企业参股金融机构，还可能提高企业融资能力，使其融资约束得到有效缓解（曾海舰等，2016；黎文靖等，2017）。

非金融企业金融化的另一动机是与企业过度参与金融活动相联系的。非金融企业为了获得更大的收益而将资源过多地倾向于金融性利润率较高的投资项目，压缩了企业的实业投资规模，使企业无法进行研发创新而抑制了企业发展（王红建等，2017），即此时金融化具有"挤出效应"（杜勇等，2018）。也许市场竞争压力是企业进行跨行业套利的主要驱动因素（王红建等，2017），但融资约束较弱的企业金融化趋势也很明显，尤其在经济政策不确定性上升或宏观经济不稳定的背景下，非金融企业更倾向于以利润趋利的投机目的持有金融资产（江春等，2013；彭俞超等，2018），而非预防性储蓄动机。这种金融资产与实业资产之间的"替代关系"，特别是在金融资产价格攀升时期，使企业投资波动不存在明显的平滑作用（张成思等，2016；刘贯春等，2019）。资产的"替代关系"引起资金从实体生产活动流向资本市场，并在资本市场以创新性金融工具重新加入资本市场，这种资金在金融体系内的空转带来的不仅是资本市场可能产生泡沫的风险，更是实体经济生产性投资减少，实体经济部门萎缩，资本配置效率低下，经济增长动力缺失

---

① 经济金融化微观层面的内涵是针对非金融企业而言的非金融企业金融化，为方便起见，此处及下文中将交替使用"企业金融化"与"非金融企业金融化"。

（王永钦等，2016）。联系非金融企业金融化现实与宏观金融发展可知，产业资本金融化过度引起的金融资源错配主要源于金融部门资源供给的增加，这种经济金融化并不能优化金融资源配置效率，反而可能恶化企业生产经营的外部环境（张慕濒等，2014）。

从近期文献来看，对非金融企业金融化问题更加细化，开始从不同侧面探究企业过度金融化的异质性结果。谢家智等（2014）将关注焦点集中于实体经济核心的制造业企业，认为制造业企业金融化抑制了技术创新水平，政府控制强化了这一结果。宋军等（2015）研究发现非货币性金融资产和交易性金融资产与公司经营收益率之间呈现出不同的关系特征。张成思等（2019）进一步将企业金融资产区分为货币和非货币金融资产，并研究了不同所有制企业金融化驱动机制，结果显示国有企业主要受资本逐利因素驱动。

2.3.2　经济金融化的资本配置效率

关于资本配置效率的研究可以认为与投资效率、全要素生产率或资本错配等相关研究一脉相承（张慕濒等，2014）。

大量研究实证验证了金融发展与全要素生产率间显著的正向关系（张军等，2005），但处于不同金融发展阶段的国家，其金融体系对全要素生产率的作用显著不同。二者之间呈现的非线性关系取决于金融部门与实体经济之间增长速度的差异程度（李健等，2017），也即经济金融化水平。金融部门与实体部门在资源、人力资本等方面的竞争，决定了资源的流向、实体经济产出能力及经济增长动力。若金融体系规模过大会吸收过多资源而制约其他产业的发展，降低实体经济的产出效率。

资本的逐利本性，在金融收益率较高时，促使企业将更多的资金投入资本市场，因此也使企业与资本市场的联系更为紧密。"股东价值最大化"的公司治理机制转变，在资本市场的压力下导致企业投资决策短期化，企业往往寻找高收益率的热点投资项目而偏离了企业自身的生产经营领域与长期存在的比较优势，导致企业不具备把外生的投资机会转化为实际经营业绩和企业价值的执行能力（朱武祥等，2002）。在经济金融化背景下，企业盲目追求短期化、多元化金融投资领域，驱使企业陷入"配置金融资产—获取收益—配置金融资产"的炒钱循环而"挤出"实体企业主业发展（杜勇等，2017）。相较于"实体+金融"的产融结合模式具有降低融资成本、缓解融资约束、释放企业竞争力的经济职能（李维安等，2014；黎文靖等，2017），上市公司金融资产配置的金融化行为对企业全要素生产率呈现出显著的负向影响（杨筝等，2019），这体现了企业金融化的"脱实向虚"而非"产融相长"（盛明泉等，2018）。但这一结论在不同企业之间、不同金融化衡量指标之间呈现出异质性的结果：（1）若融资约束较高企业，则金融化程度与企业价值正相关，反之则相反，也即企业金融化与企业价值之间呈现倒"U"形趋势（蔡艳萍等，2019）。（2）企业金融化作用于所有制不同的主体时，也呈现出差异性结果：相较于国有企业，以金融资产持有份额衡量的企业金融化水平对企业投资的平滑作用在私人企业中表现更明显（刘贯春等，2019）。（3）企业配置不同种类金融资产时，对企业投资波动（刘贯春等，2019）和全要素生产率（盛明泉等，2018）存在结构性差异。刘贯春等（2019）区分了以金融渠道获利和金融资产持有来测度企业金融化程度时企业的投资波动，其中前者与企业投资波动之间不存在显著相关关系，原因在于金融渠道获利更像是企业为利润最大化而进行的资源配置行为，后者与企业投资正相关，因为持有金融资产充当企业投资的"润滑剂"。

2.4 文献述评

通过上述相关文献的梳理与描述可以看到，经济金融化从逻辑上来讲就是宏观层面金融发展与微观层面企业金融资产配置的集合[①]。西方马克思主义政治经济学、西方激进经济学派、后凯恩斯主义学派等虽然未给出统一定义，但从不同侧面详细阐述了经济金融化的内涵，可以说经济金融化涵盖的范围包括经济、政治、社会等多方面、多层次的内容。也正是由于其丰富的内涵，虽然有学者对其进行了定量测度，但大多数仅针对某一方面，对金融化程度的刻画有一定局限性。本书将在已有定性分析的基础上，对经济金融化水平进行定量研究，并以此为切入点，展开并购的资本配置机制与效应研究。

作为存量资源再配置的重要方式，企业并购所具有的资本配置效应毋庸置疑。虽然围绕企业并购和资本配置效率产生了丰富的研究成果，但是有关企业并购和资本配置效率之间关系的研究仍然较少，且企业并购作用于资本配置的机制仍然是一个"黑箱"。现有文献对企业并购动机、影响因素及决定因素等研究尚未有统一结论，无论从微观企业视角出发进行研究，还是在政

---

① 张成思（2019）对经济金融化的研究还涉及中观商品金融化层面，本书研究的主体是企业并购，因此书中未涉及该层面的经济金融化内容。

府干预下展开探索，都是基于"市场有效"假设前提（刘莉亚等，2016）。针对当前经济金融化日趋显著的宏观经济大背景，对企业并购的动机及并购对资本配置影响议题的研究非常少。经济金融化引致行业、企业外部发展环境变化，相应带来企业资金要素不平衡、经营理念差异化等企业内部组织资本变化，进而会影响企业行为决策机制变化。区域金融环境、企业金融资产配置等对企业影响的既有研究分别从企业行为动机、生产率、投资决策及研发创新等方面进行了探索，也产生了丰硕的成果，但目前尚没有关于经济金融化影响企业并购行为方面的系统研究。本书立足于中国现阶段经济金融化制度环境，分别从区域金融化和企业金融化两个维度，丰富和拓展企业并购的资本配置理论研究。同时，基于中国转轨经济新时期的典型事实探索促进企业并购与资本配置的优化路径，提供现实参考。

第3章 实体经济资本配置的企业并购机制：经济金融化演进视角

企业并购是公司金融领域的热点话题，理论界和实务界从并购动因、实施主体、支付方式到并购类型、并购绩效等进行了多角度的深入研究，但当前我国经济金融化趋势明显，尤其是"自2008年国际金融危机之后，监管改革和科技发展正在从根本上改变金融市场的本质、服务及机构"，金融服务实体企业的功能发生了变化（蒋大兴，2018）。在金融部门相对于非金融部门日益膨胀、非金融部门的金融化以及广义资产证券化背景下，企业并购行为是否与之前一样，并购活动对宏观、微观资本配置产生了怎样的影响以及影响的结果如何，这是本书想要探究的主题。本章首先考察经济金融化背景下企业并购行为的典型特征，进而阐述企业并购影响资本配置的理论基础与传导路径，并进一步拓展实体经济资本配置效率的研究范畴。

3.1 企业并购在经济金融化背景下的典型特征

3.1.1 企业并购的主体机构化

国内外并购发展历程既体现了资本市场演进，又展示了公司治理机制的发展演变。在此过程中，企业实际控制人和公司董事会对企业并购决策有绝对的影响力，但随着资本市场的发展、公司治理机制的变化，更多的主体参与到公司并购中，影响企业的并购决策和并购结果。相较于国外市场化的并购活动，国内企业并购行为更多体现了政府意志，这一特点在早期的并购活动中表现得尤为明显（卢满生，2005；潘红波等，2008）。早期企业并购以救助亏损企业为主要目的，是一种救济型并购，但政府这种"杀富济贫""拉郎配"的举措带来的往往是劣势企业没救活，优势企业也垮掉了。除此之外，国有资产管理部门在股权分置改革前对国有企业也有很大的控制权，"同股不同权"造成了国有资产管理部门对企业并购行为也有一定的影响力。但

第3章　实体经济资本配置的企业并购机制：经济金融化演进视角

如今我国经济金融化趋势明显，在讨论并购主体问题时，除了企业内部治理机构、政府及其相关部门外，还有一类主体尚未涉及，也是我国企业并购早期文献中相对较少的研究部分，那就是机构投资者及其在公司治理中的作用和具体机制。本小节在对国内外机构投资者发展历程简要梳理的基础上，描述其持股水平变化对企业并购的影响及其机制。

最早开始机构投资者研究的美国学者布兰卡托（1991）认为，机构投资者是对应个人投资者而存在、专业管理资金的职业化机构。2001年英国学者菲利普·戴维斯和贝恩·斯泰尔在合著的《机构投资者》一书中，根据机构投资者在20世纪90年代的发展变化，对机构投资者进行了重新定义，认为机构投资者是为了达到降低风险、收益最大化和到期支取等特殊目的，以集合方式管理中小投资者储蓄的专业金融机构[1]。布兰卡托的定义重点是机构投资者与个人投资者的差别，只是狭义地反映了机构投资者的范围，没有涵盖金融创新在投资领域筹集的资金，如对冲基金。按照布兰卡托的定义标准，日本和德国的商业银行也应被列入机构投资者范畴，但是在很多英美法系国家，商业银行不能直接持有公司股份，因此布兰卡托的定义明显是不适用的。戴维斯—斯泰尔定义的特点突出了机构投资者在有效将储蓄转化为投资中的核心作用，同时揭示了机构投资者管理资金的方式和目的。可以看出，机构投资者难以获得统一定义的原因是机构投资者群体的非同质性，它不是一个单独的社会群体，也不具备一致的法人特征。各类投资机构因负债性质不同形成不同的风险管理与投资策略，在公司治理结构中的作用也存在很大差异。

综观西方发达国家历次并购浪潮，自第一次并购浪潮开始，投资银行逐渐从银行体系中剥离出来，为企业并购提供了诸如中介机构、技术支持、人才支持等作用。资本市场的发展促进了投资银行、并购人才等兴起，而投资银行对并购市场的作用也促使资本市场更快发展。20世纪70年代以来，西方国家中机构投资者崛起并参与到公司治理中。从最开始的封闭式基金到1924年第一个公司型开放式投资基金——"马萨诸塞投资信托基金"，再到养老金信托和货币市场基金，20世纪七八十年代，美英两国机构投资者迅速发展，投资者机构化现象越来越明显。机构股东的崛起标志着公司从"两权分离/管理者主导的贝利—米恩斯模式"演变为"两权分离/投资者主导的模式"。从全球范围来看，西方发达国家资本市场中的投资者结构相对稳定，主

---

[1] 郭娇.企业并购融资方式研究［D］.长安大学，2012：16.

要以养老金、社保基金、保险基金以及共同基金等为市场的主导投资力量，持股比重接近50%。以美国为例，机构投资者在市场中占比越来越大。"截至2018年，美国市场上专业机构投资者持股比例高达45.83%，以共同基金、养老基金、保险公司为代表的专业机构投资者持股所占比重分别为20.5%、13.8%、5.8%，是最重要的机构力量"[1]。

我国的机构投资者是随着上海证券交易所和深圳证券交易所成立而形成的。在历经一段无序发展和清理整顿后，2000年出台的《开放式证券投资基金试点办法》是我国证券投资基金发展的起点，而后证监会提出的"超常规发展机构投资者"更是极大地推动了我国开放式投资基金的发展。此后其他机构投资者相继入市，2001年社保基金、2002年合格境外机构投资者（QFII）、2004年保险资金陆续获批直接投资股票市场。同期也出现了很多不规范的私募基金，在市场调整和机构更替后，2006年机构投资者进入快速发展时期，初步形成以证券投资基金为主，证券公司、信托公司、保险公司、合格境外机构投资者、社保基金和企业年金等其他机构投资者相结合的多元化发展格局。截至2018年，几乎全部上市公司均有机构投资者参与的身影，而且我国机构投资者规模日趋庞大。《上海证券交易所统计年鉴（2018卷）》显示，截至2017年12月31日，从持股账户数看，机构投资者持股占比仅为0.12%，持股市值占总市值的16.13%。

金融深化使金融市场、金融参与者和金融机构在国内与国际经济运行中的地位不断提升，社会经济活动的重心从产业部门转向金融部门，金融机构的GDP贡献、就业水平等方面所占比重显著提高。"金融行业和FIRE行业的GDP贡献率在过去30年分别从1.5%和4.2%上升到5.9%和11.8%；金融行业和FIRE行业的吸纳就业比例分别从1994年的1.7%和2.2%上升到2012年的3.5%和5.2%。"[2] 信托、基金和保险等投资机构总规模的扩大更是从宏观层面具体刻画了我国经济金融化的程度。

随着市场化改革的深入，我国上市公司基本建立了现代公司制度，机构投资者在公司治理中具有相当的影响力。专业机构投资者持股的上市公司占比越来越大，在大部分上市公司中占据着前十大股东的地位。截至2018年底，该比重达99.27%，也就是说几乎所有上市公司都有机构投资者参股的身影（见图3.1）。

---

[1] 卞金鑫. 机构投资者与我国上市公司治理研究[D]. 对外经济贸易大学，2017：1.
[2] 张成思，张步昙. 再论金融与实体经济：经济金融化视角[J]. 经济学动态，2015（6）：59.

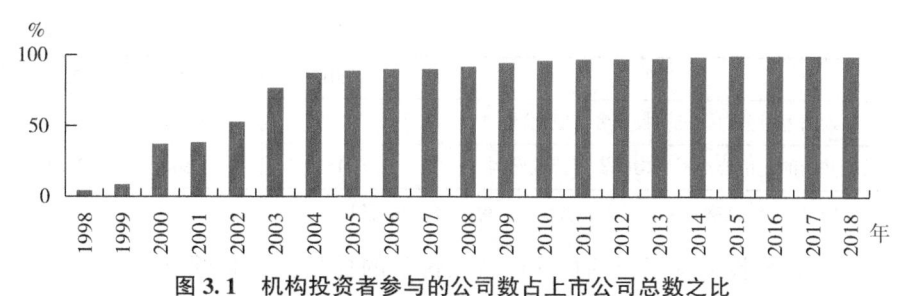

第 3 章 实体经济资本配置的企业并购机制：经济金融化演进视角

图 3.1 机构投资者参与的公司数占上市公司总数之比

（数据来源：Wind 数据库，经笔者计算所得）

由图 3.1 可以看到，2000 年"超常发展机构投资者"极大地推动了机构投资的兴起，截至 2018 年底机构投资者持股的上市公司占全部上市公司的 99.27%；机构投资者持股比例也经历了逐年递增的过程，最高接近 45%。这些数据充分说明机构投资者在资本市场和公司治理中不可忽视的地位。而机构投资者对公司治理的作用也是被理论界和实务界所认同的，无论是积极股东主义，还是消极监督作用，抑或中立作用，对其研究越来越多。机构投资者参与公司投融资决策必然会影响企业并购决策、实施和整合等全阶段，其持股的集中性、信息的不对称性以及对大股东的制衡能力都能减少企业低质量并购，而其充裕的资金、理性的研判及完善的技术更有利于高质量并购的完成。因此，考察并购行为导致的企业绩效和资源配置变化，可以探究机构投资者的作用机制，对于发生在金融化背景下的企业并购及其绩效进行分析，更有助于评估机构投资者影响的有效性。机构投资者对企业并购活动的影响是随着其在上市公司中所占比重的增大而增大的，整理 Wind 并购数据库中机构投资者数据后得到表 3.1。可以看到与未发生并购的上市公司机构投资者持股占比相比，发生并购的上市公司中机构投资者持股比例非常高，甚至在 2017 年持股比例达 46.24%，是未发生并购的其他上市公司中机构持股占比的两倍多。

表 3.1 发生并购上市公司与未发生并购上市公司机构投资者持股比例对比

单位：%

年份	2007	2008	2009	2010
发生并购的上市公司中机构投资者持股比例	17.54	20.96	30.66	34.77
未发生并购的上市公司中机构投资者持股比例	2.54	4.04	5.23	10.23
年份	2011	2012	2013	2014
发生并购的上市公司中机构投资者持股比例	37.65	39.14	40.18	41.07
未发生并购的上市公司中机构投资者持股比例	14.18	15.10	17.07	18.34

续表

年份	2015	2016	2017
发生并购的上市公司中机构投资者持股比例	43.93	45.34	46.24
未发生并购的上市公司中机构投资者持股比例	21.19	21.91	21.31

数据来源：Wind 数据库、国泰安数据库，经笔者计算所得。

随着机构投资者规模的扩大、持股份额的提高，企业意识到机构投资者会积极参与公司治理进而影响企业并购。不同类型机构投资者的资金来源、投资策略和股东积极主义程度不同（Ryan & Schneider，2002），在投资和交易的策略以及公司治理效应上也有所区别（Pound，1988），在投资理念和风险应对等方面有明显差异性。机构投资者对企业并购行为的影响主要体现在以下三个方面。

第一，资金支持。《新帕尔格雷夫货币金融大辞典》对机构投资者的定义是，管理长期储蓄的专业化金融机构。作为一种特殊的金融机构，机构投资者将小投资者的储蓄集中管理，在可接受的风险范围和规定时间内，追求投资收益最大化（Davis & Steil，2001）。并购所需资金来源可分为内源融资和外源融资。由于并购活动所需的资金数额巨大，内源性融资一般不作为企业并购融资的主要方式。企业更多使用外部融资的手段，即向企业以外的经济主体筹措资金，其中银行信贷、非银行金融机构资金、发行证券筹集资金等都是较常用的方式。在全球第四次并购浪潮中，出现了主并方通过抵押目标公司向银行借贷资金以实施并购的方式，即"蛇吞象"式的杠杆并购，这也成为第四次并购浪潮的典型特征。我国目前限制贷款融资，2008年12月银监会发布《商业银行并购贷款风险管理指引》，允许符合条件的商业银行开办并购贷款业务，但是目前贷款发放主要针对大型国有企业，即使并购基金也难以获得贷款融资。机构投资者凭借自身的资金优势可以提供并购资金，比如硅谷天堂与大康牧业合作首创"PE+上市公司"的并购基金模式开展产业并购，以及其与博盈投资的两次并购都是机构投资者为并购提供资金支持的经典案例。

第二，信息获取。由于在投资决策以及信息收集分析等方面具有专业优势，机构投资者普遍被认为更具有信息优势，被视为"成熟投资者"。机构投资者通过持有和交易股票而与资本市场产生信息的互动，这种互动传递的信息可能是双向的，既可能提高市场信息效率，增加稳定性，也可能损害市场信息效率，导致激烈波动的可能性（王咏梅等，2011）。但以机构投资者持有或交易某一公司股票作为"风向标"的个人投资者通过这种方式会降低其与上市公司之间的信息不对称程度。机构投资者的调研行为对企业的信息解读优于个人投资者，有助于提升公司的信息披露质量（谭劲松等，2016），尤其对信息透明度较低的企业来说，机构投资者持股能更好地发挥自身的信息优势，提升企业信息透明度。

第三，技术优势。机构投资者持股在一定程度上有效缓解了因股权分散带来的"搭便车"问题。一方面，机构投资者与管理者之间的代理问题，由于其作为大股东对企业的深入了解强化了其对公司内部治理的监督，从而形成大股东制衡机制，有效抑制大股东或管理层的机会主义行为。另一方面，机构投资者作为大股东与中小股东之间的第三方力量，对企业决策的影响能力显著高于个体投资者，通过影响高管行为监督企业，可以起到保护中小投资者的作用。凭借其对多元化信息的专业分析优势、丰富的工作经验和专业的分析视角，机构投资者能够依据当前市值、增长潜力以及与主并企业间关系等信息，对被并购目标的选择有更加准确的判断，有助于主并企业选择高质量并购对象，作出有效的并购决策。并购交易机会在市场上往往是瞬息万变的，机构投资者在标的出现前募集好并购资金，把握时间实施并购，可以大大提高并购效率。而被机构投资者长期投资的企业，作为主并方具有更强的议价能力，其收购溢价往往较低。

3.1.2　企业并购的动机差异化

对企业并购动机的讨论一直是公司金融领域的热点话题，也是研究企业并购问题的关键所在，对并购绩效、并购整合及影响进行深入研究的前提。企业并购动机主要有两方面的争论，第一，市场势力理论强调并购带来公司规模变化、市场份额变动，通过规模经济、范围经济及垄断进行更加细致的分析。市场势力理论为政府干预行为提供了理论支撑，公司通过并购获得市场支配力对于市场竞争具有潜在的负面抑制作用，政府的管制能更好地维护市场的竞争机制（唐要家，2008；李青原等，2011）。第二，以芝加哥学派为代表的效率理论认为，并购是市场竞争机制作用下公司的自主行为，实现了对资源的优化配置，政府不应当过多干预。但无论哪种理论，企业并购动机既涵盖了企业自身诉求，又受到市场环境、制度因素、政府行为等影响。并购是以企业未来发展为根本导向的，或以扩大企业规模、减少更多无效竞争为目的实施横向并购（何珮珺等，2019），或以实现企业外部成本内部化寻求所需资源与技术等为目标实施垂直并购，又或以进入新行业、开拓新的利润增长点为要义进行混合并购。但在我国经济前期高速增长阶段隐含的结构性问题渐显态势下，实体企业投融资机制发生微妙转变（张成思等，2018），实体企业投资率逐年下降，金融资产投资率显著上升。当实体企业以金融获利为目标实施投融资而不务正业时，意味着经济的"脱实向虚"（陆磊，2017；张成思等，2018）。在这一过程中，企业并购动机也相应出现了一些变化，即战略性并购逐年递减而财务性并购呈凸显态势。

第一，现有理论基于并购动机可以将并购分为战略并购和财务并购两种类型。金融经济学派、战略管理学派、组织行为学派和过程导向学派从不同侧面探讨了企业并购活动的规律和特质。其中不涉及将并购企业整合为一体而探讨了直接谋求公司价值增值，属金融并购或财务并购；以整合各个并购企业于一体为前提来谋求企业价值增值的活动，称为战略并购。战略并购的发生源于企业自身发展的战略需求，基于并购双方各自核心竞争优势，通过并购行为优化资源配置，借助协同效应创造出大于各自独立价值之和的并购活动。战略并购是一种综合性重组方式，旨在产生协同效应，使并购后的企业具备更强的竞争优势，因此战略并购实际上是"企业发展战略"的一种重要手段。它要求并购双方能充分发挥自身优势，通过资源优化配置方式强化核心业务，扩展业务范围，从而达到企业价值增值的目的，是企业整合优质资源、促进产业结构优化升级的有效手段之一。大多数学者都认同并购后整合是并购是否成功的判定标准，但往往忽视了并购动机在并购链条中的关键作用。并购动机决定着并购前的标的选择、支付手段使用以及并购后整合的难易程度，可以说并购动机是并购成功与否的关键性第一步。比较美国历次并购浪潮可以看到，从第四次并购浪潮开始，企业并购动机由扩大规模、分散风险，转向了战略动机，即"主要目的是通过加强公司在细分市场中的竞争地位创造企业价值"。以并购双方各自的竞争优势为基础，通过优化资源配置的方式在适度范围内继续强化企业竞争优势，产生协同效应，创造大于各自独立价值之和的新增价值的并购活动（聂祖荣，2002）。在这种情况下，企业并购不以实现投机性的收益为目的，而是旨在通过并购来获得或者强化企业的核心能力（罗福凯，2012）。

而财务并购是一种利用市场机会赚取企业买卖差价的行为（张竹青等，2005）。相比较而言，战略并购多发生于横向并购、垂直并购，注重并购双方协同性、互补性或替代性，财务并购往往发生在关联企业之间，尤其是控股股东子公司及母公司之间。财务并购行为只关注双方财务状况，或通过关联交易粉饰报表，或者包装炒作低价位买进的目标公司，根本目的是实现主并方与目标方的财务整合，更倾向于追求在财务上的短期收益（贺博深，2013）。正因为财务并购所追求的短期收益性，并购双方面临较大的财务风险以及企业长期发展困难的窘境。相反，战略并购因其以企业长远发展为根本导向，短期内经营绩效也许不尽如人意，但长期来看可能有更大的上升空间。比较战略并购与财务并购的特点（见表3.2），可以发现两种并购在驱动因素、并购目标选择、整合层面等方面存在很大不同（焦长勇，2002）。

表3.2 战略并购与财务并购的差异性

差异性表现	战略并购	财务并购
驱动因素	长期价值最大化	短期财务状况改善
并购目标选择	满足企业战略部署，有增值空间	改善短期盈利水平的任何企业
并购行为性质	长期生产经营	短期资本炒作
整合层面	全方位资源整合	单纯财务整合
主要风险	长期整合	短期报表粉饰
经营绩效来源	长远利益	短期收益

资料来源：根据焦长勇（2002）及相关文献整理所得。

第二，本书在经济金融化视角下，基于并购动机将企业并购分为类战略并购与类投机并购。随着我国金融创新增多、资本市场繁荣，企业金融资产类投资比重增加，银行、保险、房地产等泛金融部门不断发展壮大，并购企业所属行业与企业并购动机也呈现动态变化的特征。

表3.3显示的是1995年1月1日至2018年12月31日所有披露并购金额的并购事件发生数量及对应的并购总金额与平均金额。可以看到制造业作为我国实体经济核心，虽然发生并购次数最多（27803件），总金额最大，但其平均金额仅有2.13亿元。如果从泛金融部门来看，金融业和房地产业并购事件仅有5563件，平均金额达到16.17亿元，是制造业的近8倍。一方面，泛金融部门并购总金额占所有披露金额并购事件总金额的31%，充分说明金融部门在国民经济中已经日益成为并购活动主体。另一方面，约有近54.7%的并购事件发生在制造业领域，说明我国并购活动仍以实体经济为主。这也成为本书以实体经济并购行为作为主要研究对象的原因。

表 3.3 1995 年 1 月 1 日至 2018 年 12 月 31 日各行业并购发生数量及金额[①]

行业代码	行业名称	披露金额事件数（件）	总金额（亿元）	平均金额（亿元）
A	农、林、牧、渔业	641	4605.0076	7.1841
B	采矿业	1170	8010.2573	6.8464
C	制造业	27803	59220.542	2.1300
D	电力、热力、燃气及水生产和供应业	1941	8126.8631	4.1869
E	建筑业	1272	4933.8559	3.8788
F	批发和零售业	3174	7834.4808	2.4683
G	交通运输、仓储和邮政业	1361	9166.8451	6.7354
H	住宿和餐饮业	174	384.80372	2.2115
I	信息传输、软件和信息技术服务业	3879	8129.8722	2.0959
J	金融业	865	8452.4825	9.7717
K	房地产业	4698	30068.828	6.4003
L	租赁和商务服务业	933	11754.652	12.5988
M	科学研究和技术服务业	415	570.56612	1.3749
N	水利、环境和公共设施管理业	673	1465.9157	2.1782
O	居民服务、修理和其他服务业	1	0.369	0.3690
P	教育	78	304.20816	3.9001
Q	卫生和社会工作	244	437.76596	1.7941
R	文化、体育和娱乐业	810	2040.6404	2.5193
S	综合	671	988.15429	1.4727

数据来源：国泰安并购数据库，经笔者整理得到。

图 3.2 是普华永道在其《2016 年中国企业并购市场回顾与 2017 年展望》报告中对 2012—2016 年我国并购市场投资主体分类的结果展示。可以看到，财务投资者占比逐年加速递增，战略投资者在 2016 年呈现同比递减趋势。投资者以短期获利为目的的投资行为及金额远超过战略投资者行为。

[①] 表 3.3 借鉴蒋大兴（2018）表 1 "行业并购状况（2012 年 10 月至 2017 年 10 月）"，本书统计并购事件发生时间窗口为 1995 年 1 月 1 日至 2018 年 12 月 31 日，使并购企业所属行业特征更加明显。

第3章 实体经济资本配置的企业并购机制：经济金融化演进视角

金额：10亿美元	2012 数量	2012 金额	2013 数量	2013 金额	2014 数量	2014 金额	2015 数量	2015 金额	2016 数量	2016 金额	%差异 数量 2016比2015	%差异 金额 2016比2015
战略投资者												
国内	2667	83.6	2704	138.2	4180	225.6	4821	422.1	4804	329.7	0%	-22%
国外	286	8.6	275	14.1	354	22.2	316	13.6	337	10.5	7%	-22%
战略投资者总和	2953	92.2	2979	152.3	4534	247.8	5137	435.7	5141	340.2	0%	-22%
财务投资者												
私募股权基金交易	359	35.4	392	33.6	593	67.8	1063	182.1	1767	222.9	66%	22%
风险投资基金交易	473	0.9	738	0.8	1334	1.3	2735	4.2	3492	5.9	28%	42%
财务投资者总和	832	36.3	1130	34.4	1927	69.0	3798	186.3	5259	228.8	38%	23%
中国大陆企业海外并购												
国有企业	41	35.8	55	36.5	78	25.9	80	27.6	116	66.5	45%	141%
民营企业	124	10.1	118	10.6	145	13.4	207	21.0	612	116.3	196%	453%
财务投资者	26	9.6	25	1.0	49	13.3	95	15.3	195	38.1	105%	149%
中国大陆企业海外并购总和	191	55.4	198	48.1	272	52.7	382	63.9	923	220.9	142%	246%
香港企业海外并购	166	12.2	164	9.0	215	20.7	199	25.0	281	18.2	41%	-27%
总计	4116	186.5	4446	242.7	6899	377.0	9421	695.5	11409	770.1	21%	11%

图 3.2 战略投资者与财务投资者的对比

[图片来源：普华永道研究所；蒋大兴（2018）]

从图3.2中显示的2012—2016年并购事件中战略投资者与财务投资者的对比发现，随着经济金融化趋势日益显著，企业并购动机虽然仍以战略动机和财务动机做区分，但日益呈现出与已有研究相比的差异化特征。结合企业并购行为特点可知，事前的并购动机不易刻画，而根据并购后企业行为特征可逆向得到企业并购动机的推论。换言之，并购后企业资金投向有助于识别其并购动机。如果并购后企业将更多的资产投资于固定资产，说明企业以长远发展的战略目标为导向；若并购后企业金融资产占比提高，表明该企业以从金融渠道获利为投机目标导向。根据凯恩斯预防性动机理论，企业往往持有盈余资金，以应对好的投资机会。尤其是中小企业，面临着市场性和制度性融资约束，更可能将资金配置到收益较高的金融渠道。而在当前我国金融行业与非金融行业存在显著利润差异时，部分企业以追逐更高利润为驱动因素。这也正是企业金融化驱动机制异质性的根源（张成思，2019）。本书将通过并购后企业资产配置结构来间接推断出企业并购动机。

基于已有战略并购和财务并购定义，本书将并购后金融资产占比低于并购前金融资产占比的并购事件，定义为类战略并购；反之，并购后金融资产占比高于并购前金融资产占比，而并购后固定资产占比低于并购前的并购事件，定义为类投机并购。据此，按照上述类战略并购和类投机并购界定，剔除数据缺失样本，对比企业并购前后资产结构得到两类并购的事件发生数量，如表3.4所示。

表 3.4　类战略并购与类投机并购发生事件数对比

年份	类战略并购（全部样本）	类投机并购（全部样本）	类战略并购（非金融企业）	类投机并购（非金融企业）
2008	104	472	91	403
2009	55	430	52	361
2010	89	426	77	361
2011	90	364	82	318
2012	96	361	88	327
2013	45	387	37	332
2014	35	366	29	317
2015	81	409	74	354
2016	96	465	83	408
2017	85	444	79	398

数据来源：国泰安并购数据库，经笔者整理得到。

由表 3.4 可以看到，无论是并购事件全样本还是非金融企业并购，类投机并购占比都较大；且总体来看，类战略并购有递减趋势，类投机并购数量有上涨趋势。企业并购行为呈现出这种特征，与宏观环境影响密不可分。类战略并购往往需要更直接深入企业，涉及企业管理、运营、整合等多方面问题，协调难度相对较大；而类投机并购更容易退出变现，并购后企业投资与资产配置方式更为灵活，使其可能偏离实体经济发展目的。

第三，对比类战略并购和类投机并购与已有并购动机。首先，分别比较战略并购与类战略并购，财务并购与类财务并购。与战略并购相比，类战略并购以满足企业长期生产经营需要为根本目的，扩张企业增值空间；相较于财务并购，类投机并购也包含企业以获取短期利益为目的之意。但这两对概念存在一定差异性。（1）宏观经济环境不同，并购动机的界定有所不同。相较于战略并购和财务并购的普遍适用的经济环境，本书将类战略并购和类投机并购界定在经济金融化大背景中。战略并购与类战略并购差别较小，均以企业长远利益、价值最大化为目的。而财务并购与类投机并购差异较大。财务并购中企业实施的行为包括短期资本炒作、财务整合、短期投资等，或者以改善企业财务状况、支持生产运营为主要目的，或者纯粹以提高短期收益为主要目的。而在经济金融化背景下，企业实施类投机并购更直接地以便利获取金融资源或便于配置金融资产为主要目的。与财务并购相比，企业实施类投机并购的针对性更强。（2）两对并购类型的判断方式不同。虽然两对并购类型均以对比企业并购前后财务数据为判断标准，但战略并购和财务并购大多比较企业绩效指标，如净利润、ROA、股票市价等；而本研究对类战略并购和类财务并购以并购后企业资产结构作为判断手段，即通过比较并购前后企业金融资产与固定资产占总资产的比值，间接得到经济金融化背景下企业并购的动机。

第四，本研究采取两分法方式，在当前经济金融化背景下，将并购分为类战略并购和类投机并购。就所涵盖的并购事件来说，类投机并购比财务并购所包含的范围更小、事件更少。根据上文对类投机并购的界定，仅将同时具备"并购后金融资产占比高于并购前金融资产占比以及并购后固定资产占比低于并购前的并购事件"列入类投机并购范畴，其余并购事件归为类战略并购事件。如此划分将更精准地刻画经济金融化背景下，企业并购的典型特征，即企业并购多以类投机并购为主。

3.2 企业并购在经济金融化背景下作用于资本配置的机制与效率

资本配置是资源配置的核心，是通过市场把资本配置给不同组织形态的企业，再由企业将资本配置到各子公司或各项目中（卢建新，2008；王竹泉等，2017）。从企业自身来说，并购是其低成本扩张的方式；从经济整体来看，并购是存量资源的配置方式，形成了资本的再配置。尤其是异地并购，更体现了存量资源配置的过程和结果。现有文献对并购的研究大多基于"市场有效"假设前提（刘莉亚等，2016），然而经济金融化从宏观和微观维度对企业并购产生影响，进而导致实体经济资本配置差异。本小节阐述企业并购影响资本配置的一般机理，探究经济金融化不同维度下并购的资本配置传导路径，并进一步拓展实体经济资本配置效率的实证研究范畴。

3.2.1 并购作用于资本配置的一般机理分析

并购是对存量资产在不同地区、不同行业、不同所有制企业之间的分拆、裂变、流动和重新组合，从而实现产业结构的调整和优化，进而改善资源配置效率（顾保国，1999），达到帕累托最优。企业并购对资本配置效率的影响机理可以通过资源再配置理论、协同效应理论进行阐释。

首先，资源再配置理论。并购是存量资源再配置过程，存量资源调整域的范围远远大于增量调整域的范围，且存量法能在更短的时间内更有效率地把系统内资源调整到最优状态（袁学英，2011）。按照资本逐利性的本质，企业并购会沿着有益于企业价值或企业发展的方向进行，也即存量资源有向着要素收益率高的行业或企业流动的趋势，因此存量调整在宏观上表现为效率拉动型的集约式经济增长，在实现资源优化配置上具有较大优势（袁学英，2011）。

企业作为独特资源的集合体，拥有自身不可替代的异质性资源和竞争优势。企业并购在完成对外扩张的同时，对企业边界进行了重构，不仅是企业与市场间的边界，更是并购双方边界的界定；生产要素在并购双方流动、整合和重新配置。而并购的企业间资源要素流动随着同属或异地并购类型差异，影响地区要素流动整合。异地并购为实现资源跨区域流动和优化组合创造了条件。在理论上，资源要素沿着要素收益率或要素利用率高的方向转移，这样不仅使生产率更高的地区获得更多的资源，以较快的速度发展，而且减少了资源在生产率较低地区的聚集，变相地提高了资源收益率。市场化程度越高，越有助于资源在更广范围内流动，从而产生资源再配置效应。资源流动能够改变地区的资源禀赋，推动地区产业的发展和产业机构的优化，从而影响区域产业结构，进而改变经济增长方式，带动区域经济的发展。

在市场化条件下，企业并购遵循着生产要素收益率、企业发展需要等原则进行，但当市场存在摩擦时，并购行为可能会发生偏离，进而导致资本配置效率降低。地方政府面临"小而全"的多元化重复建设战略与"大而精"的专业化比较优势战略的成本—收益之间的权衡（白重恩等，2004）。源于地方保护主义的地区之间市场分割可能阻碍异地并购的完成，限制生产要素和资源的跨地区交易和流动。产业政策引导资源向有政策支持行业流动，也可能带来大规模资源转移，造成在有政策支持行业资源相对过剩与其他行业资源相对短缺间的不平衡或者"策略性并购"引致的资源配置不平衡。

从经济金融化演变视角来看，并购对资本再配置的影响既可能是正向的也可能是负向的。在金融发展过程中，良好的金融生态环境为企业并购提供强有力的资金支持和制度保障，机构投资者的出现部分解决了并购中的代理问题。历史上并购浪潮都是在经济蓬勃发展时期发生，多数实证或案例研究证明并购的资本配置是有效的。但随着过度金融化趋势渐显，经济整体金融渠道投资占比增加、金融资产占比增加，致使企业实施并购所需资金成本上升，以企业实体价值增值为目的的并购减少（王凤荣，2002）；另外过度的金融产品创新也增加了企业并购风险，导致经济整体资本配置效率降低。

其次，协同效应理论。协同效应是指以并购双方各自的竞争优势为基础，通过优化资源配置的方式在适度范围内继续强化企业竞争优势，创造大于各自独立价值之和的新增价值（聂祖荣，2002），即达到"1+1>2"的效果。具体来说，并购实现的规模经济或范围经济为协同效应提供了必要的资源，在这一过程中增强的学习能力为协同效应提供了必要的手段，而协同效应的实现要依靠并购双方内部的整合能力。市场化并购能够显著改善企业的管理效率和经营业绩，主要源自销售协同、运营协同、投资协同和管理协同四种类型，可归纳为管理协同效应、经营协同效应和财务协同效应（张宗新、季雷，2003）。目前学者们主要从管理协同效应、经营协同效应和财务协同效应三个方面展开研究（见表3.5）。

表 3.5 协同效应类型

参考文献	不同类型协同效应对应的内容		
	管理协同效应	经营协同效应	财务协同效应
Ansoff，1959	运营成本	销售收入	投资需求
邓田生，2001	管理效率	规模经济、范围经济	投资机会、低投融资成本
陈玉罡，2007	企业成长能力	盈利能力	财务资源

资料来源：笔者根据文献资料整理得到。

管理协同效应是指通过并购使管理职能一体化，增加管理资源投入而实现的效率提高（郭俊华，2005），刻画并购引致的管理资本配置能力提升；经营协同效应是两个或两个以上的公司合并成一个公司后，产生规模经济或范围经济而实现的收益增加，刻画的是并购引致的经营资本配置能力提升；财务协同效应是并购在财务方面给公司带来收益，主要包括利用债务能力的税收优势、成长机会和财务资源的内部资本市场效应及并购双方债务的"共同保险"效应（Knoll，2008），刻画的是并购引致的财务资本配置能力提升。目标公司基于并购带来的管理资本配置能力、经营资本配置能力和财务资本配置能力的提升，使其融资约束降低，资本配置效率提高。

S. Chatterjee（1986）指出，相关性并购能同时获取管理协同效应、经营协同效应和财务协同效应；非相关并购只能获取经营协同效应以及财务协同效应，如表3.6所示。Nail等（1998）研究发现，行业相关性兼并比混合兼并有更大的协同效应。[①] 陈玉罡等（2007）认为，经营协同效应理论对横向并购有更多的解释力，管理协同效应主要是通过横向和纵向来实现的，在混

---

① 转引自李青原. 公司并购悖论的研究回顾与评述[J]. 证券市场导报，2007（1）：45-55.

合并购中管理协同效应不明显。并购使目标公司能够获得企业之间的相互担保（盛丹等，2014）以及双边（王永进，2012）或多边声誉效应，使自身声誉增加。换句话说，并购完成后，目标公司无形资产的增加，提高了举债能力，降低了融资成本；通过与收购方之间的管理协同和经营协同，增加了收入，减少了成本支出，因而使融资约束得到改善。

表 3.6 不同类型协同效应与并购类型对应表

协同类型	公司并购类型	
	相关性并购	非相关性并购
管理性协同效应	可能	不可能
经营性协同效应	可能	可能
财务性协同效应	可能	可能

资料来源：根据 S. Chatterjee（1986）、李青原（2007）整理得到。

3.2.2 经济金融化不同维度下并购的资本配置传导路径

根据第 2 章对经济金融化内涵的阐述，本节将沿着经济金融化演变历程，分别从宏（中）观经济金融化和微观经济金融化两个维度探究并购的资本配置传导途径。

（1）并购可能性。

从企业并购角度来看，企业适度金融化为企业提供了更多的融资渠道，提高了融资能力，更可能获得融资以实施并购，这将解决企业面临融资约束时无法对有价值项目或企业投资的难题。如果实体企业金融化是其运用冗余的财务资源进行投资并促进整体运营效益改善（胡奕明等，2017），那么金融资产占比或金融投资占比均处于合意范围内，主并方可以使用内源性资金或通过更好地利用外源融资资金实施并购，增加了并购概率。事实证明，现金充裕的收购方平均表现优于现金不足的收购方。除丰富并购融资渠道外，当技术和资源成本较高时，并购也能够充当企业获取技术、资源的渠道（简泽等，2018），这一点在跨国并购中表现得更为突出（赵剑波等，2016；薛安伟，2020）。

若企业金融化将原本应用于实体投资的有限资源更多地配置到金融资产或金融投资领域，势必会挤出实体投资，甚至取消企业并购决策（罗德明等，2012）。企业金融渠道获利依赖金融市场发展水平，且随着企业金融化程度越高，这种对金融市场依靠程度越大，资本市场对企业决策的影响力更为显著(田国强等,2019)。企业并购决策独立性将有所降低,增加了企业潜在风险,部分优质并购项目有被放弃的可能性。

(2)融资可得性。

金融发展水平是融资可得性的重要因素(薛新红等,2019)。金融发展为企业提供了融资便利,尤其在金融发展相对落后的国家和地区,这是金融抑制理论和金融深化理论所阐述的基本原理。通过提供充裕资金、降低市场交易成本以及丰富金融创新工具,金融发展对并购的微观传导机制可以促进资本有效流动、缓解并购主体融资压力,提高投资效率。Rajan & Zingales (1998) 和 Love (2001) 认为这种微观传导机制能有效促进经济增长。Guiso et al. (2004) 对意大利不同地区金融发展差异实证后发现,金融发展程度的提高有利于新企业进入,增加市场竞争程度。从跨国企业投资活动的实证研究可以看到,东道国金融发展为跨国企业带来融资效应,缓解了对外投资中的融资约束问题。

在不完美资本市场上,面临融资约束的企业会放弃未来可能有正向价值的投资机会。若金融发展水平较高,企业能通过金融市场融资渠道获得所需资金而减少投资波动。但该企业未必能在金融市场上获得有效的融资支持,以我国民营企业和中小企业为例:这两类企业普遍面临着融资约束源于市场性和体制性的资本错配,呈现典型的所有制歧视与规模歧视特征(王凤荣等,2006;邓可斌等,2014)。或者说资本错配导致的融资约束成为制约我国企业尤其是中小企业发展的关键性障碍(姚耀军等,2015)。此时这两类企业可以选择并购方式,不仅能获得相应的资金支持,同时还能获得并购带来的其他有利效应。根据企业资源配置理论,并购双方所拥有的资源可以通过并购方式完成转移,目标方间接获得了所需资金,增强了融资能力。并购缓解融资约束也因此成为企业并购动机之一(郑文风等,2018)。从民营企业和中小企业通过并购增加融资渠道来讲,并购替代金融发展成为企业外源融资的新方式。这一获取国家有限金融资源的渠道也适用于那些不受优待的工商业实体(杜巨澜等,2011)。进一步来说,作为生产效率较高的民营和中小企业,无论同属并购还是异地并购,并购活动的完成实现了资源的有效流动,即地区资本配置效率得到提升。

上述这一路径是以金融适度发展为前提的。随着经济金融化过度发展,资金在金融市场中"空转"、金融衍生工具增多,可能出现信贷资金紧缺、融资成本太高现象,民营企业和中小企业可能面临更加严峻的融资约束。而此时作为融资能力较强的主并方可能也面临融资难、融资少的问题,此时并购也无法成为目标企业获取资金的有效方式。换言之，金融化水平对并购缓解融资约束的作用可正可负，若是适度金融化水平，该缓解渠道畅通；若是过度金融化程度，则金融化反而会阻碍并购活动，从而降低地区资本配置效率。

（3）良好的金融生态环境。

在拥有高效金融体系的国家，企业能够更加迅速地把握成长机会，从小规模、个体所有制成长为大规模、股份制的现代企业。外部金融生态环境不仅有利于提升企业融资能力，而且为企业提供了良好的制度环境和信用环境。理论上，完善、灵活的金融体系中资本配置必定是有效的，此时，投资者能准确识别投资机会而将资本投入更有效的企业中。"同时，借助完善的金融市场体系，以银行为代表的金融中介机构能够准确地判断企业投资项目的好坏；进一步地，来自金融市场上外部投资者的压力也会迫使企业管理者最大限度地追求资本收益的最大化。"[1]

除提供融资资金外，良好的金融生态环境也提高了并购的可能性或增加了并购规模。Harford（2005）研究发现，宏观层面经济运行良好、流动性充裕是并购浪潮发生的首要条件。Bharadwaj & Shivdasani（2003）实证结果显示，银行并购贷款对于那些经营绩效差以及面临严重信息不对称的收购方产生了积极效应。可以看出适度金融化为经济创造了良好的金融生态环境，融资支持和制度、信用环境可增加企业并购，有利于地区资本配置效率提高。而当经济金融化过度时，来自金融市场信息不对称和信贷资金配置非市场化的资本扭曲（简泽等，2018），以融资为动机的收购者可能有短期目标（杜巨澜等，2011），使以投机为目的或为粉饰财务报表实施的并购活动增加，加大了金融市场风险；而以企业战略发展为目标的并购活动面临交易成本增加、风险增大的风险，上述两种情况都将使并购概率降低、并购交易偏离最优规模（薛新红等，2018）。

区域金融化与企业金融化对并购的影响密不可分。区域金融化为企业金融化提供了必要的前提条件，也即区域金融化水平越高，则金融市场越完善、金融创新越丰富；而企业金融化是区域金融化不可缺失的组成部分，也就是说在其他条件相同的情况下（地区金融结构、金融发展水平等），所在地区企业金融化水平越高，则当地金融化水平也越高。因此，在区域金融化和企业金融化两个维度下的企业并购和资本配置相辅相成、互相促进。区域金融化

---

[1] 转引自简泽，徐扬，吕大国，等. 中国跨企业的资本配置扭曲：金融摩擦还是信贷配置的制度偏向[J]. 中国工业经济，2018（11）：25.

为企业并购活动提供的融资可得性同样也能够增加企业金融化程度，进而增加企业并购可能性。换言之，区域金融化能够直接提高并购发生概率。同理，区域金融化水平提高，能够直接减少企业并购的信息不对称和委托—代理问题。此外，区域金融化作为宏（中）观层面的经济金融化，其提供的金融生态环境是企业金融化和并购资本配置的重要保障。但值得关注的是，区域金融化和企业金融化发挥正向耦合作用的前提条件，是二者发展的"适度性"。过度的经济金融化对并购与资本配置具有怎样的影响机制与效率，将是本书后面章节着力探讨的命题。

3.2.3 基于实体经济资本配置效率的拓展研究

有关资本配置效率的研究与全要素生产率、投资效率及资本错配等的相关研究一脉相承（张慕濒等，2014），由此推演至宏（中）观地区层面可以认为，地区产业升级也是资本配置效率提高与否的一种判断方式。

（1）企业并购的地区实体经济资本配置效果——地区产业升级。

对于并购与资本配置效率之间关系的研究，除了 Wurgler（2000）投资弹性指标的直接定量测度外，比较常用的是交易成本和产业结构两个角度（张国富，2011）。其中交易成本角度源于科斯（1973）产权理论，将并购作为双方外部交易费用内部化过程，多以内部资本市场为研究对象①。并购可实现存量资本在空间与产业间流动，是产业转移的一种形式，也是地区产业结构优化升级的驱动力（白雪洁等，2017）。

Wurgler（2000）估计了 65 个国家的资本配置效率，发现资本从利润率较低的行业（地区）向利润率较高的行业（地区）流动，实现了资本优化配置，提高了资本配置效率。那么跨区域并购双方的并购活动会引导资源在双方所在地区之间流动，必然引起资源突破区域限制，实现空间流动。根据 Wurgler（2000）研究，资源再配置遵循资源收益率或要素利用率规律，能有效地发挥并购双方资源的共享与互补，因此更有利于协同效应的发挥，实现资源再配置功能（袁学英，2011）。地区资源的优化调整，实现产业结构帕累托改进，从而促进产业升级。这种地区资源转移与整合既取决于并购双方企业各自资源禀赋和所需资源要素，又取决于双方企业之间的"距离"。在跨国并购中对并购母国和东道国之间地理距离、文化制度距离等研究相对较多，而在境内并购的研究中，通常认为双方企业不存在文化制度"距离"的

---

① 企业并购后形成的内部资本市场不在本书研究范围内，故这里仅稍作提及。

差异，通常只考察双方的技术距离和空间地理距离（袁学英，2011；吴加伟等，2019）等地区间差异。地方政府干预下的市场分割是典型的地区间市场化程度差异的结果，这也形成了地方政府对跨区域并购的行政干预，损害了整个社会资源配置效率（方军雄，2009；王文甫等，2014）。而异地并购双方地区税收竞争和区域环境差异（王凤荣等，2015），实现了企业低成本快速扩张，完成了资源在异地之间转出转入的动态调整。除此之外，异地并购企业所属地区之间存在的"经济距离"对东部、中部、西部地区之间的产业转移和区域产业升级有深刻影响（白雪洁等，2017）。

适度地区金融化为企业并购提供所需资金、创造良好的金融生态环境，增加了企业并购的可能性。并购双方企业所属地区金融化水平差异影响着企业并购的方向性。金融化水平较低地区企业（A），尤其是面临融资约束企业，其融资能力较低、融资渠道缺失，可能会寻求金融化水平较高地区企业（B）的并购。一方面，通过内部资本市场，A可以获得B的资金支持，且被B并购对外释放的积极信号有助于其在市场上融资，增加了A企业在金融化水平较低地区的竞争优势；另一方面，B对A并购往往以获取资源或政策支持为目的，也增强了其竞争优势。这种由金融化水平较高地区实施的对金融化水平较低地区的并购，使资源充分重新配置，获得并购双方共赢局面，有力地促进了各自地区产业动态调整，相应提高了资本配置效率。这种跨区域并购行为可能同时会受到地方政府干预、双方资源禀赋匹配、金融市场摩擦等多种因素干扰，从而影响并购双方所属地区经济发展和产业结构升级。

（2）并购的实体企业资本配置效应——企业研发创新与全要素生产率。

企业创新作为经济创新驱动最基本的动力来源（王凤荣等，2019），能优化要素配置、提高生产效率，创新能力强的企业拥有比较优势，未来更具竞争力。并购对研发的影响同样源于并购双方间的"距离"，如资源禀赋、技术距离、文化制度距离等（王艳等，2014）。但企业并购事件的独特性，使并购对研发的影响仍未达成共识。并购促进研发的支持者认为资源互补性激励企业增加研发投入，而认为并购会减少研发的学者认为信息不对称、股东利益保护等是削弱研发投入的主要原因。从企业金融化视角来看，企业金融化程度与企业研发密切相关。企业金融化本质上是企业资产类型的配置与投资方向的选择，而研发是企业投资类型之一。依照"预防性动机"和"挤出效应"理论，企业金融化或正向促进研发活动，或负向抑制企业研发行为。主并方出于自身发展的战略目的，在目标企业已选定条件下，主并方适度金融化将提高并购概率,而并购双方资源禀赋匹配、以战略并购为动机为并购双方企业研发创新提供了必要资源准备,因而理论上,并购促进企业研发。相反,若上述前提条件不变,主并方过度金融化将降低并购概率,进而挤出研发投资。

资本配置效率(或资本配置扭曲)是全要素生产率(total factor productivity, TFP)的重要组成部分(龚关等,2013),且全要素生产率被认为是经济增长的引擎,因此经由全要素生产率判断资本配置效率是合意的。最早研究并购影响全要素生产率问题的是 Lichtenberg & Siegel (1989),之后大多数学者用 DEA 方法得到并购提升企业全要素生产率的结论,并将 TFP 分解为技术效率、生产效率和配置效率三方面,进而判断 TFP 增长来源。并购提高全要素生产率的具体机制与并购作为存量资源再配置的企业扩张方式相关。理论上,企业并购实现了资源优化配置,资源错配程度的降低,提高了企业TFP。

在企业金融化视角下探究并购对全要素生产率的影响机制与效果,要引入对企业金融化程度的考量。当企业金融化"预防性动机"增加并购概率的作用大于"套利动机"降低并购概率的作用时,企业金融化处于适度水平有助于全要素生产率提高。相反,若企业金融化"预防性动机"增加并购概率的作用小于"套利动机"降低并购概率的作用时,企业处于过度金融化状态,则企业投资"挤出效应"作用更加明显,从而实业投资减少,全要素生产率降低。经济金融化在不同地区间支持力度的差异可能导致主并企业因受到资金支持而更有"扩张性",而经济金融化程度较低的目标企业可能因为寻求资金的动机而更具有"被并购倾向性"。而从以获得融资、技术等为目的实施的并购来看,并购既可能缓解企业融资约束,减少资本扭曲,也可能推动企业金融化的发生,增加资本扭曲程度。具体并购与资本扭曲之间的关系要看上述两种力量的对比。

第4章 并购与实体经济资本配置效率Ⅰ：区域金融化维度

经济金融化在宏（中）观维度表现为区域金融化，具体来说，主要体现在金融部门膨胀与地区金融市场发展中。区域金融化水平在不同地区有所差异，对企业并购的影响既体现在差异性区域金融化对当地同属并购的影响，又体现在区域金融化差异对异地并购的影响，而这些影响将最终体现在实体经济资本配置效率上。本章以区域金融化作为宏观调控变量，探究并购的资本配置效应。

4.1 理论分析与研究假设

并购影响地区资本配置效率主要体现在同属并购和异地并购中。并购企业所属地区制度、经济特征及地方政府行为均会对企业并购产生积极或消极的影响。

4.1.1 同属并购与地区资本配置效率：区域金融化的属地影响

受制于制度环境、市场体制和企业自身发展等因素，同属并购是我国企业并购的主要方式，通过同一区域内的并购活动实现区域内资源整合优化、产业经济结构调整。企业经营空间的地理规划和布局策略是公司治理重要内容之一，相比于异地企业，同属地企业间信息透明度高，可获得信息较多，搜寻成本较低，间接降低了企业并购成本和并购风险。我国受传统儒家处事哲学的影响，"关系"作用在同地区企业之间可能更大，也降低了并购后整合阶段的成本，增加了并购成功的概率。基于并购市场势力理论，同地区企业并购更可能倾向于扩大企业规模，实现规模经济，达到增强市场势力的目的。而上下游企业间并购行为更可能因为同一属地缘故降低了经营成本，提高了企业生产效率。本地并购成为企业整合区域内市场资源、夯实区域经营话语权的快速渠道，改变了企业经营空间边界，使其在地域范围、交易距离、交易成本等方面得到系统性改善（李彬等，2015）。也正因为企业同属并购行为选择改变了区域内企业与市场边界，在提升企业内部资本流动的同时显著改变了区域内资本流动范围、规模与效率。同一区域内经济发展水平也存在高低之分，根据资本流动理论，资本会依据边际收益递减规律由发达地区向欠发达地区流动，而新制度经济学和新贸易理论则认为良好的制度优势、区位禀赋和对外贸易特征更可能促使发达地区成为资本的净流入地（钟军委等，2018）。同一行政属地下的资本流动既遵循市场主导下的利润率引导的自发资本流动，也受制于地方政府调控下的财政转移支付方式引导的资本有目的的流动。

相对于民营企业，地方政府为满足其政治目标（政策性负担或政治晋升目标）往往对辖区内国有企业并购行为施加干预（潘红波等，2008）。尤其对辖区内绩效较好的国有企业，政府一些行为可能会限制其异地并购活动，而鼓励其扶持辖区内其他企业。国有企业所承担的地区政策负担性并购行为，大多在地方政府直接行政干预或政策引导下完成。当国有企业实际控制人即为地方政府时，目标企业更会在行政受益下以无偿划拨方式"送"给国有企业并购方。早期并购中这种"拉郎配"方式拉低了国有企业生产优势，资源优化整合目的并未达到，也使区域资本配置效率显著降低。但为维护地方政府官员政治晋升的目标及可能从当地国有企业中获取的私有收益，地方政府又会对当地国有企业施以"支持之手"。大量学者从理论和实证两方面证实相对于民营企业，国有企业生产经营呈现低效率（刘小玄，2004；杨汝岱，2015），但地方政府仍会选择将控制的稀缺资源优先分配给国有企业（潘红波等，2011）。这其中主要体现为银行信贷资源配给的"国有企业偏向"，同时市场信贷资源在政府支持"信号"的影响下也会倾向于国有企业，这也是当前中小企业融资难、融资贵形成的重要原因。这种信贷配给制度导致的资本配置扭曲带来要素配置扭曲，也必将降低地区资本配置效率。

金融化可以推动金融与实业结合，提升企业市场活跃度，甚至促进大国经济转型发展（张成思，2019）。面临融资约束的中小企业利用金融市场和创新型金融工具积蓄生产资金，这是金融化促进经济发展的"支持之手"；企业利用金融市场变现便捷性储备资金，这是基于凯恩斯"预防性动机"的金融化"支持之手"的又一表现。具体到企业并购，体现为企业面对潜在正向收益的投资机会时，及时把握并购时机而利用金融市场工具的行为，这也是金融化对企业并购行为的"支持之手"。地区金融化水平的高低决定了金融化支持企业并购能力的范围及程度。相对于金融化水平较低地区，金融化水平较高地区资本市场较为发达，金融部门更加膨胀，居民家庭储蓄较多，充足的资金来源提高了企业融资能力，为企业实施并购提供了资金支持，相应地提高了企业并购的概率。这一过程在民营企业和中小企业中表现得尤为明显。这两类企业受制于缺乏抵押品等原因受到银行信贷约束，国有企业30%的投资资金来自银行贷款，而民营企业只有不到10%。民营企业及中小企业在内源融资无法满足投资所需资金时，为获得回报率更高的投资项目只能转向其他融资渠道。而可获得传统正规金融机构信贷的国有企业或大型企业，本身投资意愿相对较低，会将银行信贷或超额资金放贷给中小企业或民营企业。一些金融资源特权会通过金融市场传导到受信贷歧视的中小企业（卢峰等，2004），这时国有企业充当了"影子银行"的角色。国有企业与民营企业、中小企业之间这种资金的传导会因为创新金融工具在资本市场中作用的发挥、非金融实体企业的资金在资本市场中流转而加快进程。国有企业在这一过程中作用的发挥，一方面有利于资本合理再配置，减少了要素扭曲带来的生产率的降低；另一方面国有企业信贷资金的放贷避免了因资金充裕带来的国有企业并购重组中违规招投标、盲目并购、盲目多元化问题。尤其是新一轮国有企业改革，有观点认为"国进民退""混改"会造成国有企业垄断，更加降低国有企业效率、降低民营企业竞争力（邓伟，2010）。但众多学者实证表明，国有企业微观效率提高是国有企业经营绩效改善的基础，所有制对于企业微观效率的影响并不显著，相反，通过并购重组能降本增效，更好地承担战略性责任（王梅婷等，2017）。经济金融化下国有企业更深度参与"影子银行"的行为，引导资本向民营企业流动的过程更好地促进了资本配置效率的改善。

基于以上分析，提出本章研究假设4.1至假设4.3：

假设4.1：总体来看，经济金融化背景下企业并购活跃度有所增加。

假设4.2：国有企业并购和同属并购均能促进属地资本配置效率的提高。

假设4.3：并购能有效改善区域金融化对地区资本配置效率的负向影响。

4.1.2 异地并购与地区资本配置效率：区域金融化的异地影响

异地并购逐渐成为企业对外扩张的重要方式之一，由表4.1统计所得，企业异地并购发生事件数自2012年起超过同属并购。相较于绿地投资，异地并购是资本跨区域流动的重要方式。进一步统计发现，经济水平较发达地区并购事件发生远多于其他地区，2006—2018年我国东部地区异地并购事件发生率最高，其中以广东、北京和江苏为买方的异地并购事件数最多。

第4章 并购与实体经济资本配置效率Ⅰ：区域金融化维度

表4.1 同属并购与异地并购发生数量　　　　　　　　单位：件

年份	同属并购	异地并购	合计
2006	153	88	241
2007	225	140	365
2008	229	165	394
2009	217	100	317
2010	217	186	403
2011	190	170	360
2012	158	173	331
2013	340	352	692
2014	483	595	1078
2015	609	954	1563
2016	443	790	1233
2017	717	1228	1945
2018	580	803	1383

数据来源：国泰安并购数据库，经笔者整理得到。

企业跨地区并购动因主要包括两方面：一是获得目标方所属地政府的税收优惠政策，二是享受目标方所属地完善的基础设施和较高产业集聚水平等优良环境，可以将这两点概括为成本动因和成长动因（王凤荣等，2015）。而异地并购不仅体现了企业利用资源协同成长的路径，更体现了资本跨区域流动（赵祥，2009）。Asquith等（2011）发现美国本土企业对海外企业的吸引力来自通过并购获得的权益融资优势。类似地，Cornaggia等（2019）研究显示，主并企业可能通过对目标企业进行跨州并购以获取银行融资支持。在中国金融业高速发展的现阶段，虽然市场中金融资源供给相当充裕，但金融发展水平的整体提高似乎并没有明显改善国内金融资源分布不均衡现象（蔡庆丰等，2019）。金融机构的集聚、金融部门的扩张，进一步拉大金融资源在不同地区间的差距（俞颖等，2017），中小企业和民营企业仍面临"融资难、融资贵"问题。宏观层面的金融化主要是指金融深化或者金融发展，区域金融化集中体现为某一地区金融部门的扩张、发达的资本市场、政府部门金融产品的增加以及该地区家庭的投资方向与收入来源。

地区金融资源分布不均衡现象意味着地区间金融化水平的差异。金融化水平较高地区，资金相对更加充裕，资本市场更加完善，多种融资渠道降低了企业融资成本；创新金融工具及多种投资途径增加了企业获得较高收益的可能性。国有企业甚至面临过度负债情形。相反，金融化水平较低地区，有限的融资渠道使企业面临较高融资成本。中小企业和民营企业可能面临因资金不足而无法把握有正向收益投资机会的可能性。由于信贷等金融资源的退出存在较大的惰性，国有企业集聚了过多金融资源会导致企业的主要利润被金融机构吸走（蔡庆丰等，2019）。地区间金融化水平差异可能使目标企业因所属地区金融资源丰裕而更具"并购价值"，导致金融化水平相对较低地区的主并企业对其实施并购的可能性更大。而处于金融化水平较高地区的企业也可能由于获取资源、技术等需要以及政策导向对金融化水平较低地区企业实施并购。地区间金融化水平差异将可能影响企业并购目标方的选择与并购决策。这种依托地区金融化水平的企业并购行为一方面影响资本流动的方向，另一方面也影响资本配置效率。资本由金融化水平较高地区向金融化水平较低地区的流动本身就是一种资本配置效率的提升。从企业角度来讲，即使同一地区内，国有企业与非国有企业在融资能力与投资行为上的差别也是显著存在的（沈红波等，2010）。国有企业通常具有较强的融资能力、较丰富的融资途径，面对预算软约束，国有企业较少出现融资不足的现象。而且在杠杆率较高的情形下，国有企业甚至充当了提供再次信贷的金融中介角色。国有企业并购行为往往与经济政策、产业政策密不可分。以十大产业振兴规划出台为例，产业政策冲击可能通过并购重组、淘汰落后产能等措施优化资本配置效率（蔡庆丰等，2019）。而民营企业异地并购往往以政府政策为外在驱动力，为了获取政府资源，企业更愿意实施跨区域并购活动。因此，国有企业和民营企业异地并购行为可能直接带来资本从金融化水平较高地区流向金融化水平较低地区。而代表所属地方政府行为的国有企业跨区域并购所产生的信号效应可能带动其他资本的转移，这种间接空间外溢效应所带来的效果可能无法衡量。综合来说，区域间金融化水平差异背景下，发生异地并购的企业双方所在地区资本配置效率是否能得到有效改善，受多种因素影响结论并不确定。因此，提出对立假设 4.4a 和假设 4.4b：

假设 4.4a：在区域间金融化水平差异背景下，异地并购双方企业所在地区资本配置效率会显著提高。

假设 4.4b：在区域间金融化水平差异背景下，异地并购双方企业所在地区资本配置效率变动不明显或有降低的可能性。

上文提到高金融化水平地区企业因其所处金融环境而更具"并购价值"，低金融化地区企业出于获取金融资源的目的可能对其实施并购。相对于直接向高金融化水平地区金融机构的融资行为，这种由低金融化水平向高金融化水平地区企业的并购行为一方面使其更容易进入高金融化地区,另一方面必将为低金融化地区企业提供更多的融资渠道、更少的融资成本,从而减少了低金融化地区资金竞争,间接提高其资本配置效率。若较高金融化水平地区企业向较低金融化水平地区企业实施并购,包括金融资源在内的资源通过企业异地并购行为发生流动,也即由较高金融化水平地区流向较低金融化水平地区,从而促进地区资本配置效率的提升。基于上述理由,提出对立假设 4.5a 和假设 4.5b:

假设 4.5a:低金融化水平地区企业向高金融化地区的异地并购行为将促进低金融化地区资本配置效率的改善。

假设 4.5b:较高金融化水平地区企业向较低金融化地区的异地并购行为将促进地区资本配置效率的改善。

地区金融化水平差异对企业并购决策的影响不仅直接作用于地区资本配置效率,而且会影响并购企业所在地区产业升级。产业升级的本质是资源禀赋的结构变革,并购的资源再配置功能在资源集聚与整合过程中得到充分体现。在地区金融化水平存在差异的背景下,企业跨区域并购行为将影响产业升级的传导路径。较高金融化地区企业往往金融摩擦较小、市场化进程较快,较低金融化地区企业异地并购相当于通过并购实现资源转移以及获得一定的后发优势,资源转移整合将有利于并购所在地区产业价值链水平的提升。由此提出假设 4.6:

假设 4.6:对于区域金融化水平较低地区,异地并购有利于并购企业所属地区产业升级。

4.2 研究设计

4.2.1 样本及数据选取

(1) 数据来源。

企业并购基本数据来源于 Wind 并购重组数据库。为满足财务数据完整性,主并方选择沪深 A 股主板上市公司,其与目标企业所属地手工整理完成。其余上市公司财务数据来源于国泰安公司财务数据库。反映地区金融化、地区资本配置效率、产业升级等相关数据主要通过《中国统计年鉴》《中国工业统计年鉴》以及各省统计年鉴等手工收集整理。

(2) 样本选取。

2007 年我国颁布了新会计准则,为保持财务指标的一致性与可比性,本书选择 2008—2016 年发生的并购事件，相应区域性指标也选择在该时间窗口。

本书借鉴 Wurgler（2012）模型，采用投资弹性估计地区实体经济资本配置效率。具体模型设定如下，I 为行业固定资产净值，V 为行业增加值。笔者以资本投资对行业盈利能力的敏感性程度，即弹性指标来测度行业资本配置效率。这是直接对资本配置效率的测度方式，之后陆续有很多学者采用该方法对国家、行业和地区资本配效率进行了测度。本书利用该模型，借鉴李青原等（2013）的估计方法，利用 30 个地区 27 个工业行业面板数据测度地区资本配置效率。变量 I 增长率对数为被解释变量，变量 V 增长率对数为解释变量，分年度分地区估计年度—地区实体经济资本配置效率。模型如下：

$$\ln\left(\frac{I_{ic,t}}{I_{ic,t-1}}\right) = \alpha_{c,t} + \eta_{c,t} \ln\left(\frac{V_{ic,t}}{V_{ic,t-1}}\right) + U_{ic,t}$$

其中，变量 I 的常用指标变量有固定资本形成总额、固定资产原值和固定资产净值平均余额三种。固定资本形成总额是常住单位在一定时期内获得的固定资产减处置的固定资产的价值总额，包含项目较多。固定资产净值平均余额最符合 Wurgler 模型要求，但是该指标在 2009 年后不再使用，因此本书选择固定资产原值作为被解释变量。文献中对解释变量 V 大多选择工业增加值、工业总产值和工业销售产值作为代理变量，但在《中国工业统计年鉴》中工业增加值和工业总产值分别自 2008 年和 2012 年后不再统计，因此本书采用工业销售产值代替。西藏地区数据缺失较多，剔除该地区样本，另外剔除香港、澳门和台湾样本，共计 30 个省、自治区、直辖市。为了消除通胀因素，分别用工业品出厂价格指数和固定资产投资价格指数换算成以 2006 年为基期的可比价格。$I_{ic,t}$ 为 i 行业 c 地区第 t 年固定资产原值；$V_{ic,t}$ 为 i 行业 c 地区第 t 年工业销售产值；$\eta_{c,t}$ 代表了 c 地区第 t 年的投资弹性系数，即该地区实体经济资本配置效率，表明第 t 年内，c 地区实体经济各行业新增投资对行业成长性变化的弹性水平。

学术界目前对金融化没有统一界定，因为经济金融化与金融发展、金融深化有相同的逻辑关系，有学者采用 M2/GDP 来代表宏观金融化水平。但这一界定太过笼统，且无法区分地区间金融化水平的差异性，本书借鉴张成思和张步昙（2015）界定范畴，选取四种经济金融化的表现，采用因子分析法合成地区金融化指标。经济金融化主要体现在以下四方面。"金融部门相对于非金融部门的日益膨胀"，选取金融增加值占比、金融资产占比、金融机构存贷款占比、金融机构贷款余额和金融就业人口占比来衡量；"非金融部门的金融化"选取非金融企业存款占比；"食利阶层财富和权势的膨胀"选取居民财产性收入占比;"广义资产证券化"选取证券化占比。其中,居民财产性收入占比是城镇居民财产收入占城镇居民可支配收入之比与农村居民财产收入占农村居民可支配收入之比之和;广义资产证券化选取股票交易金额与地区生产总值之比,期货交易金额与股票交易金额、期货交易金额、公司信用类债券交易金额总和之比。地区选取与地区资本配置效率测度时一致。

并购初始样本来源于 Wind 并购重组数据库,选取发生在 2008—2016 年的并购事件,整理主并方与标的方所属地区,区分同属并购与异地并购。标记主并方与标的方属于同一省、自治区、直辖市样本为同属并购,其他为异地并购。统计各省、自治区、直辖市企业并购中国有企业并购和民营企业并购事件数量,以及同属并购和异地并购事件数量,再以某一地区国有企业并购事件数/全国同一年份国有企业并购总数、某一地区民营企业并购事件数/全国同一年份民营企业并购总数、某一地区同属并购事件数/全国同一年份同属并购总数、某一地区异地并购事件数/全国同一年份异地并购总数来度量某一地区国有企业并购(或民营企业并购)占比及某一地区同属并购(或异地并购)占比。同时选取某一省、自治区、直辖市当年并购数量占全国并购数量之比,当年该省、自治区、直辖市并购发生金额占该地生产总值之比,以及某省、自治区、直辖市当年并购数量占该地生产总值与全国当年并购数量占全国当年 GDP 的比值作为并购活跃度的代理变量。表4.2 为以上述并购指标分角度、分地区统计的并购事件发生占比。

表4.2 分年份同属并购与异地并购占当年总并购发生数的比例 单位:件,%

年份	2006	2007	2008	2009	2010	2011	2012
同属并购	153	225	229	217	217	190	158
同属并购占比	0.63	0.62	0.58	0.68	0.54	0.53	0.48
异地并购	88	140	165	100	186	170	173
异地并购占比	0.37	0.38	0.42	0.32	0.46	0.47	0.52
总并购数	241	365	394	317	403	360	331
年份	2013	2014	2015	2016	2017	2018	
同属并购	340	483	609	443	717	580	
同属并购占比	0.49	0.45	0.39	0.36	0.37	0.42	
异地并购	352	595	954	790	1228	803	
异地并购占比	0.51	0.55	0.61	0.64	0.63	0.58	
总并购数	692	1078	1563	1233	1945	1383	

数据来源:国泰安数据库,经笔者整理得到。

4.2.2 变量定义

（1）被解释变量。

地区资本配置效率（$\eta_{i,t}$）：反映了工业行业投资对行业增加值的弹性，代表地区实体经济资本配置效率。

产业升级（industry）：借鉴刘奕（2017）、张营营等（2019）以利税总额（tax）作为产业升级指标的代理变量。现有文献大多选取反映产业部门相对变动的第三产业增加值与第二产业增加值之比（干春晖，2011），但本书更想从地区整体对产业升级结果效率予以衡量，因此选取30个省、自治区、直辖市的各自利税总额对数作为产业升级的代理变量。

区域创新能力（innovation）：借鉴企业创新能力的度量方法，且专利申请至授权获批时间较长，不确定较大（周亚虹等，2015），故选取区域专利申请受理数量对数作为区域创新能力的代理变量。

（2）解释变量。

并购活动（ma）：分别用如下指标代替：地区并购金额占比（amount）、以地区并购数量占比代表地区并购活跃度（activity）、某省国有并购占当年国有并购比例（state）、某省民营并购占当年全国民营并购比例（private）、某省同属并购占全国同属并购比例（same）和某省异地并购占全国异地并购比例（cross）。以地区企业国有并购、民营并购、同属并购、异地并购不同角度比较地区并购活动。企业所有制属性（soe），其中国有企业取1，民营企业取0。同属异地并购（area），同属并购取1，异地并购取0。

地区金融化水平（z）：以主成分分析法估计得到的数值衡量并比较地区金融化水平。其中主并方以m（merger）打头，所属地区金融化水平（mz）；标的方以t（target）打头，所属地区金融化水平（tz）。

（3）控制变量。

省级控制变量：借鉴已有文献（李青原等，2013；王凤荣等，2015；蔡庆丰等，2019），选取以下变量。人均地区生产总值（rgdp），政府预算资金占比（government），FDI资金占比（fdi），地方财政支出占比（expenditure），对外开放度（open）及市场化指数（market）。

企业层面控制变量：总资产对数（lnasset），托宾Q，总资产利润率（roa），主营业收入增长率（salegrowth），总资产标准化的经营现金净流量（cashflow），员工人数对数（lnemp），资产负债率（leverage），企业年龄（age）。

具体变量名称、符号及释义见表4.3。

第4章 并购与实体经济资本配置效率Ⅰ：区域金融化维度

表4.3 各变量名称、符号及释义

变量类型	变量名称		变量符号	释义
被解释变量	地区资本配置效率		η	以工业行业投资对行业增加值弹性代表
	产业升级（industry）		tax	利税总额（取对数）= 利润总额+主营业务税金及附加
	区域创新能力（innovation）		patent	ln（地区专利申请受理数+1）
解释变量	并购活动（ma）		amount	当年并购金额占地区生产总值占比=各省各年并购金额/地区生产总值
			activity	并购活跃度=（某省当年并购数量/当年该省生产总值）/（全国当年并购数量/全国GDP）
			state	该省国有并购占当年全国国有并购比例
			private	该省民营并购占当年全国民营并购比例
			same	该省同属并购占全国同属并购比例
			cross	该省异地并购占全国异地并购比例
	地区金融化水平		z	主成分分析法得到
	主并方所属地区金融化水平		mz	主并方所属地区金融化水平
	标的方所属地区金融化水平		tz	标的方所属地区金融化水平
	企业所有制属性		soe	国有企业取1，民营企业取0
	同属异地并购		area	同属并购取1，异地并购取0
控制变量	省级层面控制变量	人均地区生产总值	rgdp	人均地区生产总值
		政府预算资金占比	government	政府预算资金占比
		城镇化水平	ubran	城镇人口比重
		FDI资金占比	fdi	FDI资金占比
		地方财政支出占比	expenditure	地方财政支出占比
		对外开放度	open	对外开放度
		市场化指数	market	《中国分省份市场化指数报告》，2016
	企业层面控制变量	总资产对数	lnasset	ln（总资产）
		托宾Q	q	托宾Q
		总资产利润率	roa	总资产利润率
		主营业务收入增长率	salegrowth	主营业务收入增长率
		经营现金净流量	cashflow	经营现金净流量
		员工人数对数	lnemp	ln（员工人数）
		资产负债率	leverage	资产负债率
		企业年龄	age	企业年龄

61

4.2.3 模型设计与计量方法

(1) 地区实体经济资本配置效率。

学者们大多采用 Wurgler（2000）提出的直接测度方法，即地区或行业资本配置效率提高意味着资金的逐利性会促使资金向资本收益率高的行业流动，而削减在资本收益率较低行业的追加投资，表现为较高的投资弹性。具体如模型（1）所示：

$$\ln\frac{I_{i,t}}{I_{i,t-1}}=\alpha_{i,t}+\eta_{i,t}\ln\frac{V_{i,t}}{V_{i,t-1}}+\varepsilon_{i,t} \tag{1}$$

式中，$I_{i,t}$ 为 t 年度 i 产业的固定资本净额，$V_{i,t}$ 为 t 年度 i 产业增加值，$I_{i,t-1}$、$V_{i,t-1}$ 为相应的上一年度的值①。$\alpha_{i,t}$ 为常数项，代表各省份自主投资水平。$\varepsilon_{i,t}$ 为随机误差项。$\eta_{i,t}$ 为所要求的各省份实体经济资本配置效率，表示 i 产业增加值对产业投资的弹性。

本书基于上述模型（1），利用全国 30 个地区（剔除数据不全的西藏地区和港澳台地区）2007—2016 年 27 个工业行业面板数据测度地区实体经济资本配置效率。以工业固定资本形成额增长率对数作为被解释变量 I②，工业增加值增长率对数为解释变量 V，以普通最小二乘法来分年度分地区估计中国地区—年度实体经济资本配置效率。上述指标来源于《中国工业统计年鉴》中对地区工业行业的统计数据。回归结果显示，2007—2016 年中国地区实体经济资本配置效率的均值为 0.0345，远低于 Wurgler（2000）考察的 65 个国家平均资本配置效率水平 0.429，表明即使与许多发展中国家相比，我国实体经济资本配置效率仍有很大提升空间。在样本时间窗口，青海、江苏和山东资本配置效率在全国排名前三位，上海、甘肃和贵州排名最后三位，宁夏和湖北分别占有最高和最低地区资本配置效率指数值，如图 4.1 所示，各地区实体经济资本配置效率波动趋势明显。

---

① 学者们选取不同的因变量和自变量指标估计地区（或行业）资本配置效率，具体可参见李青原等（2010，2013）、戴伟等（2017）文章。

② 理论上 Wurgler 模型中因变量采用固定资产净值更恰当，但我国自 2008 年起不再统计固定资产净值这一指标，因此本书用固定资产形成额作为 I 的代理变量。可参见戴伟等（2017）文章。

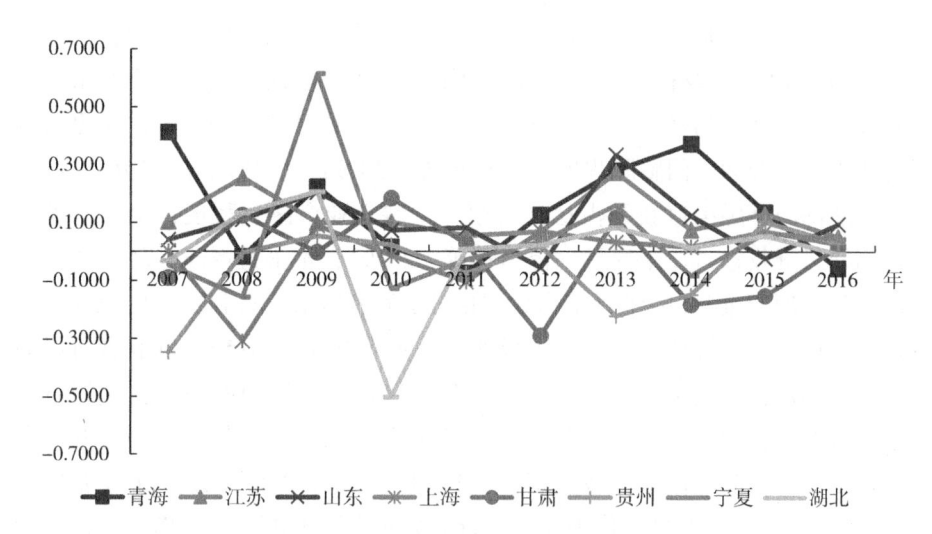

第4章 并购与实体经济资本配置效率Ⅰ：区域金融化维度

图 4.1 代表性省份地区资本配置效率

[数据来源：由 Wurgler（2000）投资弹性模型估计得到]

（2）区域金融化指数。

本书借鉴张成思等（2015）对经济金融化的界定和齐兰等（2017）、潘海英等（2019）对金融化指数变量选择，从金融部门膨胀程度、非金融企业金融化程度、家庭和个人财产性收入及资产证券化程度四方面具体选取如下 8 个指标，运用主成分分析法构建区域金融化指数（见表 4.4）。

表 4.4 区域金融化指标选取

区域金融化层次	变量名称	变量定义
金融部门膨胀程度	金融机构存贷款占比	地区金融机构存款总额/地区金融机构贷款总额
	金融机构贷款余额	地区金融机构贷款余额/地区生产总值
	金融就业人口占比	地区金融部门就业人口/地区社会就业总人口
	金融增加值占比	（地区金融增加值+地区房地产增加值）/地区生产总值
	金融资产占比	地区金融资产总额/地区生产总值
非金融企业金融化程度	非金融企业存款占比	地区非金融企业存款/地区生产总值
家庭和个人财产性收入	居民财产性收入占比	地区居民财产性收入/地区居民可支配收入
资产证券化程度	证券化占比	地区期货交易额/地区（期货+股票+公司信用类债券）交易额

其中，FIRE 行业的 GDP 贡献率和吸纳就业人数比例是宏观层面经济金融

63

化的典型代表（张成思等，2015），以商业银行为主导的金融体系中，银行信贷余额与 GDP 比值及存贷款余额占比均能作为地区金融资源存量相对水平与金融部门相对规模的衡量指标（纪志宏，2013），地区总金融资产占比更为直观地代表地区金融部门膨胀程度（潘海英等，2019）。张成思等（2015）以非金融企业部门金融渠道获利占比来考察非金融企业金融化程度，也有学者用企业当期投资收益占比来衡量（潘海英等，2019），本书选取非金融企业存款占比作为代理变量①。有学者认为金融化是食利者阶层财富和权势增长的变迁过程，用通过金融资产获得收入进行刻画（张成思等，2015），食利者阶层的范畴不易界定，因此本书以家庭和个人收入中财产性收入所得作为衡量指标。从金融资产结构视角界定金融化的典型特征即金融创新增加，从而提升了资产的流动性，尤其是流动性较差资产，这相当于广义的资产证券化（张成思等，2015）。本书选取最具代表性的期货交易额占资本市场交易额比值作为代表性指标。上述指标数据来源于《中国统计年鉴》、各省份统计年鉴、《中国金融年鉴》和各省份金融年鉴。

通过 KMO 与 Bartlett 检验、提取主成分步骤得到主成分表达式后，以各主成分的方差贡献率与总累计方差贡献率占比作为权数，加权平均后得出流动性风险综合指标得分如下：

$$Z = (0.59417 \times F_1 + 0.18003 \times F_2)/0.77420$$

通过主成分得分函数加权计算得到综合得分，具体区域金融化指数如表 4.5 所示。

表 4.5　全国及三大经济区域地区金融化水平

年份	全国 z	东部	西部	中部
2006	−1.0202	0.0197	−0.4671	−0.6656
2007	−0.975	0.062	−0.4868	−0.6651
2008	−1.1287	0.1124	−0.5317	−0.6277
2009	−0.4873	0.3261	−0.3451	−0.5089
2010	−0.263	0.3791	−0.3222	−0.5085
2011	0.0876	0.4366	−0.2033	−0.4665
2012	0.2876	0.5313	−0.1304	−0.4029

---

① 笔者构建区域金融化指数数据全部来自《中国金融年鉴》及《中国统计年鉴》，因此为了能更好地代表一个地区非金融企业金融化程度，选取地区非金融企业存款这一指标。

续表

年份	全国 z	东部	西部	中部
2013	0.6654	0.7207	0.0237	-0.2665
2014	0.9536	0.7758	0.1201	-0.1943
2015	0.8522	0.8316	0.1636	-0.1571
2016	1.0278	0.9897	0.2869	-0.0645

由表 4.5 可以看到，部分年份区域金融化水平为负值，这与已有文献[①]中结果相类似，且根据主成分分析法原理，该数值仅代表排序，并不代表与指标有关的正负含义，因此该结果显示的区域金融化指数可以使用。全国及三大经济区域地区金融化水平展示如图 4.2 所示。

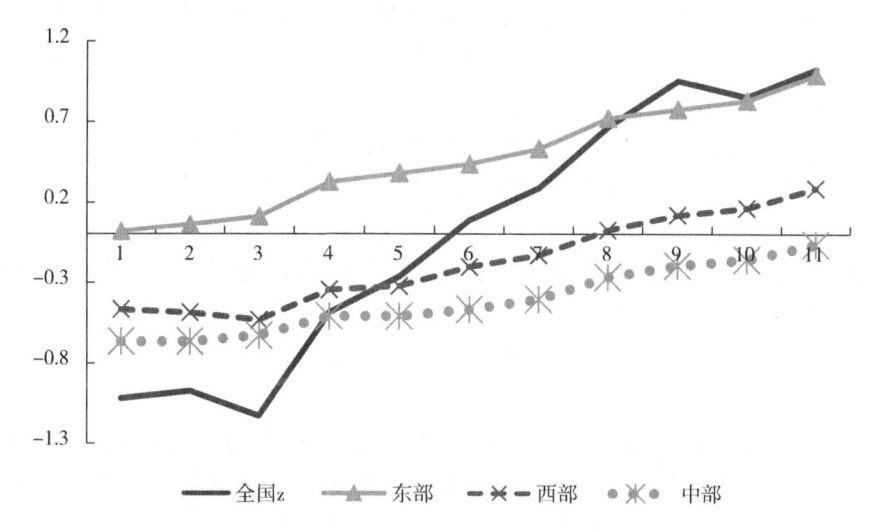

图 4.2 全国及三大经济区域地区金融化水平比较

由图 4.2 可以看到，东部地区金融化水平始终较高，增速较快，而中部地区金融化水平最低。东部地区有优越的地理条件以及良好的经济环境，金融发展、金融市场化程度都较高；而西部地区占据政策优势，政策的外溢作用也推动了金融化水平的提高。从全国来看，我国金融化水平在世界范围内处于较快发展的阶段。

---

① 参见潘海英等（2019）根据主成分分析法得到金融化指数均值为 0，最小值为-0.278，中位数为-0.049，最大值为 0.599。

(3) 模型设计。

考虑到本章中涉及三个层面的实证分析，分别建立如下实证检验模型。第一，实证检验区域金融化维度下并购的实体经济资本配置效应。首先，建立单变量回归模型，以模型（2）检验区域金融化与地区并购活跃度间关系：

$$activity_{i,t} = \beta_0 + \beta_1 \times z_{i,t} + \beta_2 \times controls_{i,t} \quad (2)$$

以模型（3）估计区域金融化对地区实体经济资本配置的影响：

$$\eta_{i,t} = \beta_0 + \beta_1 \times z_{i,t} + \beta_2 \times controls_{i,t} \quad (3)$$

其次，在模型（2）和模型（3）的基础上，设计交乘项"企业并购×区域金融化"指数，构建多元回归模型（4），检验区域金融化维度下并购的地区实体经济资本配置效应：

$$\eta_{i,t} = \beta_0 + \beta_1 \times ma_{i,t} + \beta_2 \times z_{i,t} + \beta_3 \times ma_{i,t} \times z_{i,t} + \beta_4 \times controls_{i,t} \quad (4)$$

其中，ma 为地区并购活动指标，以并购活跃度 $activity$ 作为其代理变量。z 为区域金融化水平，由主成分分析法得到该指数。$controls$ 为省级层面控制变量和企业层面控制变量。

第二，检验同属并购和异地并购的地区实体经济资本配置效率。首先，利用模型（5）检验同属并购的地区实体经济资本配置效率：

$$x_1\eta_{i,t} = \beta_0 + \beta_1 \times ma_{i,t} + \beta_2 \times z_{i,t} + \beta_3 \times ma_{i,t} \times z_{i,t} + \beta_4 \times controls_{i,t} \quad (5)$$

其中，x_1 分别以 east 代表东部地区，middle 代表中部地区，west 代表西部地区。其他变量同模型（4）。

其次，模型（5）变形为模型（6）对异地并购的地区资本配置效率展开实证分析：

$$x_2\eta_{i,t} = \beta_0 + \beta_1 \times ma_{i,t} + \beta_2 \times x_3 z_{i,t} + \beta_3 \times ma_{i,t} \times x_3 z_{i,t} + \beta_4 \times controls_{i,t} \quad (6)$$

其中，x_2 和 x_3 分别代表主并方（m）和目标方（t）所在区域的实体经济资本配置效率及其区域金融化水平。

第三，构建模型（7）检验区域金融化背景下并购的地区产业升级效应。

$$industry_{i,t} = \beta_0 + \beta_1 \times ma_{i,t} + \beta_2 \times z_{i,t} + \beta_3 \times ma_{i,t} \times z_{i,t} + \beta_4 \times controls_{i,t} \quad (7)$$

其中，$industry$ 分别代表地区产业升级指标的代理变量区域利税总额 tax 和区域创新能力 $innovation$，其他变量与模型（4）相同。

4.3 实证检验及分析

4.3.1 描述性统计

图4.3为描述性统计结果。可以看到，地区金融化水平均值为0.034，但

方差达到0.808,说明地区间金融化差异明显,最小值为-0.9631,最大值达到3.5539。地区并购活跃度在地区之间也存在较大差异。地区资本配置效率差异也较为明显,最小值为-0.502,最大值为0.614。

Variable	Obs	Mean	Std. Dev.	Min	Max
η	300	0.0345041	0.1207429	-0.5021346	0.6142066
z	300	0.034153	0.8076513	-0.9631	3.5539
amount	300	0.2052012	0.4977524	0	7.270352
activity	300	0.9753751	0.8457311	0	4.791496
state	300	0.0164763	0.0142743	0	0.0762821
private	300	0.0167477	0.0212032	0.0006447	0.1162546
same	300	0.0333333	0.0434757	0	0.2337963
cross	300	0.0333333	0.0389515	0	0.1888112
patent	290	9.892313	1.53711	5.961005	13.14692
rgdp	300	40660.3	22543.44	7878	118198
ubran	300	0.535382	0.1355759	0.282489	0.8960663
soe	300	2.412493	2.693776	0.2332253	12.5426
government	300	0.0473632	0.0414006	0.0039535	0.3256728
fdi	300	0.0323426	0.0216233	0.0027975	0.0933735
expenditure	300	0.1645726	0.0756773	0.0614516	0.4996669
open	300	0.3071505	0.3687527	0.0321469	1.721482
market	300	5.537967	2.513491	0	10

图4.3 描述性统计

4.3.2 相关性检验

图4.4为相关性检验结果。可以看到,各变量之间存在一定相关性,但不存在多重共线性,符合回归分析要求。

	z	amount	activity	state	private	same	cross
z	1.000						
amount	0.399***	1.000					
activity	0.770***	0.442***	1.000				
state	0.591***	0.220**	0.607***	1.000			
private	0.345***	0.092	0.294***	0.620***	1.000		
same	0.441***	0.134**	0.424***	0.758***	0.856***	1.000	
cross	0.497***	0.218***	0.549***	0.710***	0.789***	0.735***	1.000

图4.4 相关性检验

4.3.3 实证结果分析

(1)并购的资本配置效率:基于区域金融化的考察。

图4.5为2006—2016年全国并购事件发生数与全国经济金融化程度,左

轴为全国并购事件发生数,右轴为全国金融化指数;为更清晰地看到二者之间的关系,将并购总数缩小100倍。从图上可以看到时间窗口期间,全国并购事件数与全国金融化水平均呈现出向右上方倾斜发展态势。虽然并购事件在某些年份发生波动,这是与经济发展相一致的;从更长时间范围来看,并购事件发生数的波动与并购周期相联系。而全国并购事件发生数与全国金融化水平逐年递增的发展态势,正体现了西方马克思主义政治经济学流派在其对金融角色的修饰语中用到的"越来越多"而不是"越来越重要",也体现了金融在经济中的扩张与膨胀。

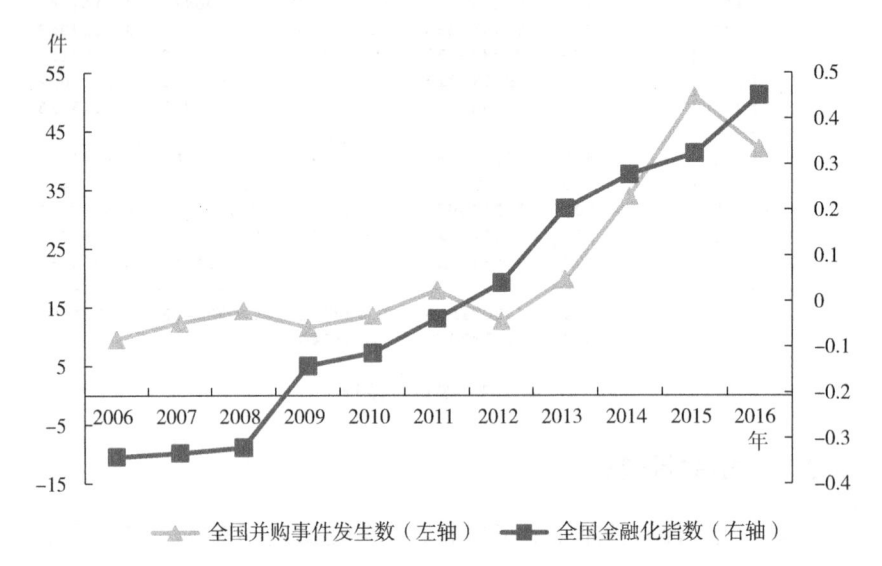

图 4.5 全国并购事件发生数与全国金融化指数

① 区域金融化对企业并购影响的单变量分析。

以单变量回归模型(2):

$$activity_{i,t} = \beta_0 + \beta_1 \times z_{i,t} + \beta_2 \times controls_{i,t}$$

检验区域金融化与地区并购活跃度间关系,回归结果如表4.6所示。列(1)和列(2)为区域金融化水平和地区并购活跃度之间关系的整体回归结果,可以看到回归系数0.619显著为正,表明区域金融化程度越高,则地区并购越活跃。但区域金融化程度对不同并购类型有不同影响。列(3)至列(6)分别列示同属并购、异地并购、国有企业并购、民营企业并购的单变量回归结果。结果显示,区域金融化促进了国有企业并购和异地并购,但减少了民营企业并购和同属并购。假设4.1和假设4.2部分成立。

表4.6 区域金融化水平与地区并购活跃度

变量	(1) activity	(2) activity	(3) same	(4) cross	(5) state	(6) private
z	0.807***	0.619***	-0.00797*	0.0117**	0.00631**	-0.0173***
	(0.0557)	(0.0911)	(0.00453)	(0.00458)	(0.00256)	(0.00405)
rgdp		-7.71e-06***	-3.93e-07***	-3.05e-08	-1.78e-07**	-3.30e-07**
		(1.75e-06)	(1.41e-07)	(1.14e-07)	(7.02e-08)	(1.36e-07)
expenditure		-0.743		-0.219***	-0.0739***	-0.0289
		(0.732)		(0.0419)	(0.0203)	(0.0421)
government		-0.222	0.185***	0.186***	0.0719**	0.279***
		(1.038)	(0.0553)	(0.0552)	(0.0278)	(0.0635)
open		0.723***	0.0749***	0.0456***	0.0544***	0.0782***
		(0.143)	(0.0122)	(0.0117)	(0.00568)	(0.0104)
market		-0.00959	0.0149***		0.00275***	0.0151***
		(0.0349)	(0.00226)		(0.000979)	(0.00235)
Constant	0.948***	1.018***	-0.0726***	0.0474***	0.0162**	-0.0767***
	(0.0306)	(0.311)	(0.0145)	(0.00901)	(0.00730)	(0.0160)
Observations	300	270	270	300	270	270
R-squared	0.593	0.775	0.597	0.500	0.799	0.602

注：括号内是稳健标准误，*** p<0.01，** p<0.05，* p<0.1。

② 区域金融化对地区实体经济资本配置影响的单变量分析。

以单变量回归模型（3）：

$$\eta_{i,t} = \beta_0 + \beta_1 \times z_{i,t} + \beta_2 \times controls_{i,t}$$

估计区域金融化对地区资本配置效率的影响，回归结果如表4.7所示。列（2）回归系数为-0.0341，显著为负，表明区域金融化显著降低了地区资本配置效率，换言之，区域金融化负向作用于地区资本配置效率。

表4.7 区域金融化与地区资本配置效率

变量	(1) η	(2) η
z	-0.0146**	-0.0341**
	(0.00733)	(0.0162)
rgdp		9.94e-07
		(8.50e-07)

续表

变量	(1) η	(2) η
ubran		−0.0761
		(0.167)
state		−0.00161
		(0.00318)
government		0.0140
		(0.353)
fdi		−0.00195
		(0.384)
expenditure		0.205
		(0.209)
open		0.00157
		(0.0352)
market		0.00796*
		(0.00438)
Constant	0.0350***	−0.0390
	(0.00702)	(0.0714)
Observations	300	300
R-squared	0.010	0.061

注：括号内是稳健标准误，*** $p<0.01$，** $p<0.05$，* $p<0.1$。

③ 并购是否改善区域金融化对地区资本配置效率的负向影响？

现阶段我国各地区经济、金融发展水平各异，市场分割现象仍较为明显，作为存量资本有效配置方式的并购，对不同区域金融化水平地区的资本配置的作用是怎样的？根据模型（4）可得到相应回归结果（见表4.8）。

表4.8 区域金融化视角下资本配置的并购机制

变量	(1) η	(2) η
activity	0.0386**	0.0220
	(0.0194)	(0.0240)
z	−0.00584	−0.0634**
	(0.0184)	(0.0250)

续表

变量	(1) η	(2) η
activity×z	0.00793 (0.00685)	0.0157* (0.00820)
rgdp		1.00e-06 (8.48e-07)
ubran		-0.0828 (0.165)
soe		-0.00202 (0.00360)
government		0.0583 (0.357)
fdi		0.255 (0.427)
expenditure		0.276 (0.212)
open		0.00933 (0.0377)
market		0.00796* (0.00435)
Constant	0.0680*** (0.0168)	-0.0455 (0.0745)
Observations	300	300
R-squared	0.033	0.075

注：括号内是稳健标准误，*** $p<0.01$，** $p<0.05$，* $p<0.1$。

从地区并购活跃度来看，并购对地区资本配置效率的影响显著为正，即并购越活跃，地区资本配置效率越高。区域金融化水平对地区资本配置效率影响显著为负，这与单变量回归结果一致（见表4.7），即总的来说，区域金融化降低了地区资本配置效率。但并购活跃度与区域金融化交乘项（activity×z）系数在10%的水平上显著为正，表明并购能有效改善区域金融化对地区资本配置的负向作用，假设4.3成立。换句话说，并购过程本身意味着资源的流动，在区域金融化背景下，并购是一种有助于提升地区资本配置效率的市场化手段。

（2）区域金融化下并购的资本配置效率：基于同属并购的考察。

对资本配置效率的考察核心是资本作为要素在地区间转移流动能否改善，形成帕累托改进。结合并购类型与区域金融化水平，本章从并购活跃度和地区金融化水平两个维度展开。其中从并购活跃度角度的考察，将样本置于同一地区金融化水平下，隶属于同属并购范畴；而区域金融化水平视角将样本置于不同地区金融化水平下，隶属于异地并购范畴。因此，接下来从同属并购和异地并购两个角度展开讨论。其中，同一区域内企业并购行为构成同属并购的基本含义，即主并方企业与标的方企业处于同一属地内。本小节将比较区域金融化水平相同时并购的实体经济资本配置效率，即东部、西部、中部地区间的比较。

首先对东部地区、中部地区和西部地区三大经济带[①]分别考察。采用模型（5）回归，结果如表4.9所示。

表4.9 基于三大经济带区域金融化背景下的并购与地区资本配置效率

变量	(1) middle η	(2) middle η	(3) west η	(4) west η	(5) east η	(6) east η
activity	0.181*** (0.0695)	0.231*** (0.0756)	−0.0290 (0.0193)	−0.0568* (0.0306)	−0.0555*** (0.00702)	−0.0604*** (0.00836)
z	−0.245*** (0.0859)	−0.263** (0.109)	−0.000722 (0.0320)	0.000379 (0.0358)	−0.0119* (0.00616)	−0.0746*** (0.0142)
activity×z	0.394** (0.164)	0.364** (0.154)	−0.0161 (0.0328)	−0.0757 (0.0459)	0.0102*** (0.00222)	0.0327*** (0.00412)
rgdp		−2.36e−06 (1.70e−06)		1.86e−06 (1.66e−06)		−9.27e−07** (4.37e−07)
ubran		0.277 (0.322)		−0.518* (0.297)		−0.409*** (0.101)
soe		−0.00292 (0.0144)		−0.00719 (0.00453)		−0.00424 (0.00296)

---

① 按照国家统计局标准对三大经济带的划分，东部地区包括北京、天津、河北、辽宁、上海、江苏、浙江、福建、山东、广东、海南；中部地区包括吉林、黑龙江、山西、安徽、江西、河南、湖北、湖南；西部地区包括内蒙古、广西、重庆、四川、贵州、云南、陕西、甘肃、青海、宁夏、新疆（因数据不全，剔除西藏）。

续表

变量	(1) middle η	(2) middle η	(3) west η	(4) west η	(5) east η	(6) east η
fdi		-3.379*** (1.218)		0.900 (1.235)		0.188 (0.236)
government		0.326 (0.636)		1.021*** (0.301)		-1.215*** (0.258)
expenditure		-0.0158 (0.307)		-0.184 (0.239)		1.474*** (0.149)
open		0.615*** (0.170)		0.145 (0.197)		0.00234 (0.0238)
market		0.0266 (0.0199)		-7.07e-05 (0.0131)		0.0547*** (0.00469)
Constant	-0.0594 (0.0405)	-0.322* (0.168)	0.0551*** (0.0160)	0.194 (0.140)	0.123*** (0.00827)	-0.139*** (0.0512)
Observations	265	265	261	261	1199	1199
R-squared	0.033	0.128	0.011	0.101	0.148	0.333

注：括号内是稳健标准误，*** $p<0.01$，** $p<0.05$，* $p<0.1$。

由回归结果可以看到，列（1）至列（2）显示中部地区并购活跃度与区域金融化交乘项（activity×z）系数显著为正，表明中部地区并购活动能够抑制区域金融化的负向作用，从而促进地区资本配置效率有效提升。可能的原因在于中部地区金融化水平最低，并购带来的资源流动促进了资本配置效率改善。列（5）至列（6）显示东部地区并购活跃度与区域金融化交乘项也显著为正。虽然并购对地区资本配置效率影响为负，但东部地区金融化水平最高，表4.9回归结果显示，区域金融化水平越高，异地并购倾向性越大，因此东部地区异地并购可能促进资源流出，减少了金融资源带来的"挤出效应"，因而东部地区资本配置效率也有所改进。且东部地区市场化相对更加完善，资本市场更加成熟，即使企业实施同属并购，对资本配置也有一定促进作用。列（3）至列（4）显示西部地区虽然区域金融化水平居中，但是前文提到"区域金融化水平越高，越不易成为并购标的方"，因而使发生在西部地区的并购相对较少。而且西部地区具有政策优势，无论是产业政策还是货币财政政策，西部地区政策优势的吸引力是巨大的。这其中发生的并购行为可能存在盲目性或策略性，因而低效率并购可能存在，导致资本配置效率较低。

交乘项系数虽不显著,但负值表明在一定程度上金融化抑制了资本的有效配置。

(3) 区域金融化下并购的资本配置效率:基于异地并购的考察。

前文已表明区域金融化水平差异越大,所属地企业实施异地并购的可能性越高;区域金融化水平越高,所属地企业成为标的方的可能性越小,也即并购双方所属区域金融化水平差异越大,越容易形成异地并购。那么在区域金融化水平存在差异的背景下,异地并购对并购双方企业所在地区资本配置效率的影响如何?根据模型(6)回归,结果如表4.10所示。

表4.10 异地并购双方企业所在地区资本配置效率

变量	(1) m η	(2) m η	(3) t η	(4) t η
z	-0.0757*** (0.0213)	-0.0780*** (0.0214)	-0.00739 (0.00929)	-0.0195** (0.00920)
m activity	-0.174*** (0.0354)	-0.150*** (0.0374)		
t activity			-0.186** (0.0772)	0.309*** (0.0871)
z×m activity	0.151*** (0.0354)	0.128*** (0.0365)		
z×t activity			0.0915 (0.0895)	0.171** (0.0822)
m rgdp		-3.03e-07* (1.80e-07)		
m government		-0.0807 (0.138)		
m expenditure		0.235** (0.0920)		
m open		-0.0274*** (0.0105)		
t rgdp				-0.0281 (0.0254)
t expenditure				-0.101 (0.0702)

续表

变量	(1) m η	(2) m η	(3) t η	(4) t η
t government				−0.187 (0.158)
t open				−0.0843*** (0.0128)
Constant	0.156*** (0.0209)	−0.0125 (0.0273)	0.0577*** (0.00823)	0.115*** (0.0162)
Observations	1664	1664	1647	1647
R-squared	0.111	0.161	0.006	0.086

注：括号内是稳健标准误，*** p<0.01，** p<0.05，* p<0.1。

表4.10中列（1）至列（2）以"m"开头的为主并方企业相关指标，如 m η 为主并方所在地区资本配置效率，m activity 为主并方并购活跃度；列（3）至列（4）以"t"开头的为目标方企业相关指标，如 t η 为目标方所在地区资本配置效率，t activity 为目标方并购活跃度。回归结果表明，区域间金融化差异显著提高了并购双方企业所在地区资本配置，交乘项 z×m activity 和 z×t activity 均显著为正。也就是说，在区域金融化水平（z）对企业所在地区资本配置有负向影响的前提下，异地并购行为能够有效缓解这种负向作用，从而提升异地并购双方企业所在地区资本配置效率。结合上文结论，当主并方所在区域金融化水平越高时，异地并购活跃度越高，从而促进了资本的跨区域流动。这种资本流动既可能释放了主并方企业所在地区的金融资源及其他资源，减少主并方企业非效率投资等，又能够为目标方企业提供一定的资金支持，使部分外部融资依赖企业可继续投入实业生产，从而提高了并购双方企业所在地区资本配置效率。换言之，异地并购发生在区域金融化水平较高地区企业并购区域金融化水平较低地区企业时，可以简称为高并购低，对并购双方企业所在地区资本配置效率有显著提升作用。假设 4.4a 和假设 4.5b 成立。

（4）区域间金融化差异下并购的地区资本配置效应——地区产业升级。

地区资本配置效率提高的微观表征是企业资本利用率的提高，是资本在企业间得到有效利用，就像 Wurgler（2000）模型中所表述的：资本趋利性促使资本从收益率较低行业或地区流出，流向收益率较高行业或地区。前文中实证结果表明在经济金融化背景下，异地并购可充当缓解金融化副作用于地区资本配置的有效手段，促使资本从高金融化地区向低金融化地区流动。而这一过程的宏观表现即地区产业结构转型升级。本书借鉴刘奕等（2017）、张营营等（2019）以利税总额作为地区产业升级的代理变量，按照模型（7）进行实证分析。

① 同属并购的地区产业升级效应。

以地区利税总额为被解释变量，主并方所在地区金融化水平和并购活跃度为解释变量，分别考察同一区域金融化水平和区域金融化水平差异时并购活动的地区产业升级效应，回归结果如表4.11所示。

表4.11 同属并购的地区产业升级效应

变量	（1）same tax	（2）same tax	（3）cross tax	（4）cross tax
m activity	−0.0211	0.152	−0.332***	−0.283***
	(0.109)	(0.105)	(0.0520)	(0.0460)
m z	0.643***	0.516***	−0.905***	−0.699***
	(0.0654)	(0.0585)	(0.134)	(0.104)
m activity×m z	−0.207***	−0.210***	0.0968***	0.0532***
	(0.0199)	(0.0227)	(0.0185)	(0.0175)
rgdp			1.49e−05***	1.42e−05***
			(1.96e−06)	(1.89e−06)
expenditure			−1.761***	−2.250***
			(0.631)	(0.645)
government			0.200	−4.948***
			(1.243)	(1.493)
market			0.385***	0.340***
			(0.0260)	(0.0261)
open			0.933***	0.773***
			(0.0913)	(0.0907)
fdi			−13.37***	−13.10***
			(0.920)	(1.070)
Constant	8.071***	7.881***	5.129***	5.724***
	(0.106)	(0.0982)	(0.316)	(0.271)
Observations	1725	1664	1725	1664
R-squared	0.076	0.064	0.645	0.677

注：括号内是稳健标准误，*** $p<0.01$，** $p<0.05$，* $p<0.1$。

第4章 并购与实体经济资本配置效率Ⅰ：区域金融化维度

总的来看，异地并购 m activity 系数显著为负，主并方所在地区并购活跃度降低了利税总额，充分说明并购有一定的税收目的（王凤荣等，2015）。加入控制变量后，异地并购交乘项系数 m activity×m z 显著为正，表明异地并购能有效促进主并方企业所在地区产业升级。但同属并购 m activity 系数不显著，且交乘项系数 m activity×m z 显著为负，可能的原因在于同属并购更容易受地方政府、主并方企业所有制性质等原因影响，并购活动对地区产业升级作用还有待进一步考察。

② 异地并购的地区产业升级效应。

有鉴于区域金融化水平差异，接下来对不同经济区域、不同所有制性质的主并方企业所在地区产业升级的影响按照模型（7）展开实证分析。具体回归结果如表4.12所示。

表4.12 分区域、分所有制性质的异地并购的地区产业升级效应

变量	(1) east tax	(2) east tax	(3) west tax	(4) west tax	(5) middle tax	(6) middle tax
m state	15.80*** (0.699)		40.92*** (4.787)		125.1*** (19.29)	
m private		1.748*** (0.571)		27.49*** (4.447)		97.42*** (20.37)
m z	−0.421*** (0.0674)	−1.034*** (0.0642)	0.993** (0.393)	1.261*** (0.268)	−8.272*** (1.203)	−5.238*** (1.147)
m state× m z	−2.711*** (0.594)		−8.801 (17.19)		282.4*** (44.92)	
m private× m z		3.870*** (0.876)		−12.57 (11.40)		210.1*** (45.43)
rgdp	3.94e−05*** (1.42e−06)	4.83e−05*** (1.56e−06)	1.48e−05*** (4.14e−06)	1.92e−05*** (4.88e−06)	3.09e−05*** (6.83e−06)	1.77e−05** (7.08e−06)
expenditure	−2.920** (1.157)	4.672*** (1.198)	−8.828*** (1.379)	−11.93*** (1.324)	−16.88*** (3.207)	−13.82*** (3.069)
government	−6.893*** (0.925)	−12.87*** (0.880)	−4.615* (2.734)	−2.350 (2.579)	10.51* (5.776)	12.27** (6.069)
open	0.194* (0.113)	1.632*** (0.104)	−0.104 (0.0927)	−0.254** (0.114)	0.140 (0.0956)	0.266*** (0.0852)

续表

变量	(1) east tax	(2) east tax	(3) west tax	(4) west tax	(5) middle tax	(6) middle tax
fdi	-4.434***	-9.532***	-0.864	1.109	9.906***	11.13***
	(1.179)	(1.217)	(0.933)	(0.746)	(1.537)	(1.995)
market	-4.166***	-6.735***	-13.28**	-9.183	-31.86***	-41.05***
	(0.517)	(0.561)	(6.210)	(7.329)	(5.002)	(7.354)
Constant	8.443***	8.986***	8.801***	10.03***	3.708***	4.267***
	(0.189)	(0.225)	(0.638)	(0.541)	(0.750)	(1.016)
Observations	1199	1199	261	261	265	265
R-squared	0.841	0.810	0.569	0.557	0.739	0.650

注：括号内是稳健标准误，*** $p<0.01$，** $p<0.05$，* $p<0.1$。

表4.12中列（1）至列（2）为东部地区产业升级效应，国有企业并购活跃度对地区产业升级有负向作用，而民营企业主并方所在地区并购活跃度对地区产业升级有促进作用。这表明金融化水平较高地区的国有企业即使发生并购行为可能也无法释放过度资金，因而对地区产业升级造成负向影响。因此，对于区域金融化水平较高地区来说，如何降低其区域金融化水平才是决定地区产业升级的关键因素。列（5）至列（6）为中部地区并购的产业升级效应，回归结果显示，主并方所在地区国有企业并购和民营企业并购对地区产业升级均有正向促进作用，这可能与前文中有相同的理由，即中部地区金融化水平相对较低，因此并购活动促进资源流动，有利于主并方所在地区资源利用率的提高，有效促进中部地区产业升级。假设4.6成立。而西部地区无论是国有企业并购还是民营企业并购，列（3）至列（4）所示回归结果均不显著，这需要进一步探讨其他相关影响因素的相互作用。

4.4 稳健性检验

（1）变量替换。

① 区域金融化下并购的地区资本配置效应。

选取发生并购事件的金额作为并购活动的代理变量，替代并购活跃度，回归结果如表4.13所示。

表 4.13 并购的地区资本配置效应

变量	（1） η	（2） η
amount	0.305*** (0.0462)	0.235*** (0.0661)
z	-0.0309*** (0.00295)	-0.0636*** (0.00494)
amount×z	0.0415* (0.0217)	0.213*** (0.0300)
rgdp		-7.53e-08 (1.50e-07)
market		0.0275*** (0.00223)
expenditure		0.505*** (0.0610)
government		-0.328*** (0.0877)
open		-0.0296*** (0.00733)
fdi		0.399*** (0.117)
Constant	0.0492*** (0.00223)	-0.205*** (0.0176)
Observations	3388	3388
R-squared	0.056	0.168

注：括号内是稳健标准误，*** $p<0.01$，** $p<0.05$，* $p<0.1$。

由回归结果可以看到，以并购金额作为并购活动的代理变量所得实证结果与并购活跃度一致。区域金融化水平与地区资本配置效率呈负相关关系，即区域金融化水平越高，地区资本配置效率越低。而区域金融化与并购金额交乘项系数（amount×z）显著为正（0.213），再次表明并购能够有效缓解区域金融化对地区资本配置效率的负向作用，即在经济金融化背景下，并购是改善地区资本配置效率的有效途径。

② 同属并购的地区产业升级效应。

同理，以并购金额作为解释变量，考察同属并购的地区产业升级效应，具体实证结果如表 4.14 所示。

表 4.14 同属并购的地区产业升级效应

变量	(1) tax	(2) tax
m amount	-1.703 (1.556)	-1.512*** (0.516)
m z	0.216*** (0.0223)	-0.887*** (0.0500)
m amount×m z	-2.112*** (0.460)	1.105*** (0.224)
rgdp		1.63e-05*** (1.24e-06)
market		0.353*** (0.0158)
expenditure		-1.400*** (0.406)
government		-4.064*** (0.987)
open		0.713*** (0.0740)
fdi		-13.32*** (0.763)
Constant	8.056*** (0.0320)	5.207*** (0.155)
Observations	3389	3389
R-squared	0.034	0.655

注：括号内是稳健标准误，*** $p<0.01$，** $p<0.05$，* $p<0.1$。

表 4.14 回归结果显示，同属并购金额与主并方所属地区金融化水平交乘项显著为正（1.105），表明并购金额对地区产业升级有显著的正向影响，与之前实证结果一致。

（2）内生性问题。

为了解决区域金融化与并购活跃度之间的内生性问题，将区域金融化指标做滞后一期处理，按照模型（4）回归后结果如表 4.15 所示。

表 4.15 滞后一期区域金融化背景下并购的资本配置效应

变量	(1) η	(2) η
activity	-0.0368*	-0.0510*
	(0.0219)	(0.0260)
L.z	-0.00902	-0.0737**
	(0.0213)	(0.0300)
activity×L.z	0.00778	0.0228**
	(0.00756)	(0.00911)
rgdp		1.34e-06
		(1.14e-06)
government		0.190
		(0.450)
fdi		0.442
		(0.473)
expenditure		0.283
		(0.262)
open		0.0424
		(0.0453)
market		0.00981
		(0.0101)
Constant	0.0651***	-0.00517
	(0.0190)	(0.111)
Observations	270	240
R-squared	0.030	0.081

注：括号内是稳健标准误，*** $p<0.01$，** $p<0.05$，* $p<0.1$。

从表 4.15 回归结果可以看到，滞后一期金融化水平 L.z 对地区资本配置效率有显著负向影响（-0.0737）。交乘项 activity×L.z 显著为正，表明并购能调节区域金融化对地区资本配置效率的负向作用，与之前回归结果一致。

4.5 异质性分析

按照企业所有制性质不同,对并购的地区资本配置效应进行异质性分析,即分别检验国有企业并购和民营企业并购在区域金融化背景下的地区资本配置效应。

资本跨区域流动本身是一种提高资本配置效率的方式,区域金融化水平较低地区资本配置效率由此得到提升。对于区域金融化水平较高地区而言,国有企业异地并购可能充当金融中介,减少了国有企业自身资金带来的金融收益,使其能有更多精力投入主业生产经营中,因而减少了国有企业所属地区金融体系中的金融资源,提高了国有企业所在地(区域金融化水平较高地区)资本配置效率。民营企业跨区域并购行为可能由于其所属地区资本流出而使部分企业融资不足,造成当地资本配置效率下降;但也可能因为资本流出,降低了民营企业杠杆率,使当地资本配置效率改善,具体需要比较两种力量的大小。结合企业所有制性质,区域金融化程度较高地区,虽然国有企业异地并购实现资源转移,但国有企业并购行为可能会受到地方政府,或受产业政策、经济政策等影响,而无法完全按照市场化原则完成并购。此时国有企业所在地区作为资源转出地,若不能很好地利用被释放的生产要素从事更高水平的新兴产业发展,弥补传统产业退出的市场空间,在整个产业转移过程中,并购潜在的协同效应或价值创造能力未得到有效发挥,则可能存在产业空心化的危机(卫婧婧,2018)。相反,区域金融化程度较高地区的民营企业异地并购更加自主化,也更加市场化,因此对民营企业所属地区产业升级有一定的促进作用。利用模型(5)的异质性分析,分别涉及某省份不同类型并购占比,包括各地区国有并购数量占比(sate)、民营并购数量占比(private)。

4.5.1 区域金融化水平相同

国有企业融资软约束决定了其信贷资金相对充裕,有时甚至充当其他实体经济的"影子银行"。而所承担的社会责任导致其无法完全按照企业发展和市场需求实施并购,也因此可能会降低资本配置效率。在经济金融化背景下,国有企业预防性储蓄动机可能更低,也无须为获得更高的金融利润而承担一定的经营风险,此时国有企业反而可能实施理性并购行为,从而提高资本配置效率。反观民营企业面对投融资大环境的改变,曾经谨慎的并购行为可能因为融资能力的提高使并购存在一定的盲目性,因而造成资本配置效率的降低。采用模型（5）实证的回归结果如表 4.16 所示。

表 4.16 区域金融化水平相同时的同属并购

变量	(1) η	(2) η	(3) η	(4) η
state	0.427*** (0.0755)	0.576*** (0.126)		
private			0.377*** (0.0498)	-0.105 (0.101)
z	-0.0267*** (0.00705)	-0.0461*** (0.0104)	0.0204*** (0.00672)	0.0214** (0.0107)
state×z	-0.0301 (0.0692)	0.313*** (0.0866)		
private×z			-0.697*** (0.111)	-0.675*** (0.143)
rgdp		1.28e-06*** (3.22e-07)		1.01e-06*** (3.11e-07)
ubran		-0.342*** (0.0715)		-0.394*** (0.0765)
government		0.0670 (0.177)		0.141 (0.173)
open		-0.0378** (0.0172)		0.0258 (0.0173)
fdi		0.631*** (0.194)		-0.0227 (0.199)
market		0.0111*** (0.00301)		0.0268*** (0.00358)
Constant	0.0367*** (0.00455)	0.0650* (0.0364)	0.0430*** (0.00392)	0.0392 (0.0364)
Observations	820	820	905	905
R-squared	0.069	0.175	0.089	0.189

注：括号内是稳健标准误，*** $p<0.01$，** $p<0.05$，* $p<0.1$。

在同属异地并购总样本中筛选出同属并购样本，共 1725 个，其中国有企业并购 820 起，民营企业并购 905 起。回归结果显示，无论是国有企业并购

(state) 还是民营企业并购（private），并购行为本身有利于地区资本配置效率改善，回归系数为正。但表4.16中列（1）至列（2）显示国有企业并购交乘项系数（state×z）显著为正（0.313），列（3）至列（4）民营企业并购交乘项系数（private×z）显著为负（-0.675），表明在区域金融化背景下，国有企业并购有利于地区资本配置效率改善，而民营企业并购对地区资本配置效率有负向作用。原因可能在于区域金融化为民营企业提供了充裕的融资渠道和利润来源，使原先受制于资金限制的企业投资有一定的非效率性，从而降低了地区资本配置效率。

4.5.2 区域金融化水平不同

上文看到中部地区虽然区域金融化水平最低，但并购活跃度对地区资本配置效率起到了一定的促进作用。因此，接下来对比区域金融化水平最高的东部地区和最低的中部地区国有企业并购与民营企业并购行为，考察三大经济带之间同属并购是否因为区域金融化水平差异而有所不同。回归结果如表4.17所示。

表4.17 区域金融化水平差异下的同属并购

变量	(1) middle η	(2) middle η	(3) east η	(4) east η
state	2.569** (1.083)		0.871*** (0.149)	
private		2.893** (1.201)		-0.0387 (0.106)
z	-0.163** (0.0745)	-0.129* (0.0683)	0.0100 (0.0121)	0.0597*** (0.0135)
state×z	9.889*** (3.692)		0.141* (0.0849)	
private×z		11.89** (5.680)		-0.837*** (0.167)
rgdp	-1.96e-06 (1.54e-06)	-2.02e-06 (1.44e-06)	-1.72e-06*** (3.48e-07)	-1.75e-06*** (2.72e-07)
government	-1.625** (0.750)	-2.414 (1.577)	-1.146*** (0.211)	-0.665*** (0.217)
open	0.218 (0.186)	0.264 (0.298)	1.222*** (0.242)	-0.0952*** (0.0146)

续表

变量	(1) middle η	(2) middle η	(3) east η	(4) east η
fdi	-0.268	-0.224	-0.204***	0.416
	(1.269)	(1.905)	(0.0187)	(0.260)
market	0.0384**	0.0198	0.0301***	0.0532***
	(0.0166)	(0.0189)	(0.00476)	(0.00456)
ubran	-0.189	0.0179		
	(0.238)	(0.241)		
Constant	-0.0109	0.0507	-0.0529**	-0.205***
	(0.121)	(0.132)	(0.0208)	(0.0268)
Observations	300	264	863	1450
R-squared	0.093	0.125	0.312	0.258

注：括号内是稳健标准误，*** p<0.01，** p<0.05，* p<0.1。

表4.17中列（1）至列（2）显示，中部地区国有企业并购和民营企业并购对地区资本配置的作用均显著为正，即企业并购行为有效地促进了地区资本配置效率的提升。可能的原因在于：一方面，中部地区金融化水平最低，因而极易成为并购中的标的方，从而接受资本流入，改善资本配置；另一方面，中部地区在我国产业结构呈雁式发展的同时，没有过多的政策倾向性并购进入，从而在一定程度上保持了并购的资源优化配置功能，资本配置效率得以提高。列（3）至列（4）为东部地区回归结果，民营企业并购交乘项系数显著为负（-0.837），表明区域金融化水平较高的东部地区民营企业同属并购对地区资本配置效率并未有改善作用，相反国有企业并购能有效改善地区资本配置效率。这一结论可能是由于区域金融化水平较高的东部地区资本市场更加发达，地方政府对国有企业并购干预较少，并购能有效推动资源在当地范围内流动。而民营企业并购可能因为金融部门膨胀、金融摩擦减小而面临相对较大的风险，因此其对地区资本配置效率存在负向作用。

4.6 进一步讨论

4.6.1 同属并购的地区产业升级效应：分区域讨论

从并购活跃度角度对地区资本配置效率的考察集中于同属并购，接下来从区域金融化水平不同的地区考察同属并购的地区产业升级效应。按照模型（7）回归，实证结果如表 4.18 所示。

表 4.18 区域金融化水平不同地区的同属并购的地区产业升级效应

变量	(1) east tax	(2) east tax	(3) west tax	(4) west tax	(5) middle tax	(6) middle tax
m activity	−0.255*** (0.0940)	−0.477*** (0.0352)	−0.844*** (0.174)	−0.249 (0.193)	3.142*** (0.983)	2.619*** (0.828)
m z	0.310*** (0.0441)	−0.936*** (0.0470)	0.606** (0.296)	1.184*** (0.251)	−7.062*** (1.768)	−5.942*** (1.608)
m activity× m z	−0.110*** (0.0192)	0.148*** (0.01000)	−0.256 (0.304)	−0.217 (0.297)	7.952*** (2.320)	4.805*** (1.735)
rgdp		6.64e−06*** (2.28e−06)		6.59e−06 (4.03e−06)		3.24e−05*** (7.98e−06)
expenditure		3.071*** (0.669)		−11.70*** (1.516)		−14.64*** (3.138)
government		−7.602*** (1.211)		−2.076 (2.602)		25.55*** (7.947)
market		0.504*** (0.0276)		−0.0591 (0.0887)		0.517*** (0.103)
open		0.654*** (0.0746)		2.255*** (0.837)		14.25*** (2.707)
m fdi		−15.51*** (0.984)		−17.71*** (6.028)		−45.46*** (9.407)
Constant	8.808*** (0.0892)	4.776*** (0.156)	7.715*** (0.148)	10.07*** (0.625)	4.761*** (0.770)	1.112 (1.517)
Observations	1199	1199	261	261	265	265
R-squared	0.313	0.792	0.121	0.492	0.290	0.601

注：括号内是稳健标准误，*** $p<0.01$，** $p<0.05$，* $p<0.1$。

回归结果显示，区域金融化水平的差异导致地区产业升级有较大不同。其中，列（1）至列（2）东部地区和列（5）至列（6）中部地区同属并购显著促进地区产业升级，但东部地区与中部地区产业升级效应是存在差异的，东部地区同属并购对地区产业升级有抑制作用，而中部地区虽然区域金融化对其地区产业升级有负向作用，但同属并购 m activity 系数显著为正，且交乘项系数 m activity×m z 显著为正，表明中部地区同属并购能够有效促进地区产业升级。列（3）至列（4）显示西部地区同属并购的地区产业升级效应并不明显。西部地区金融化水平在三大经济带居中，且经济政策、产业政策等对其他地区资源有吸引作用，导致无法准确判断同属并购对西部地区产业升级的作用趋向，但从并购活跃度与区域金融化水平交乘项系数（m activity×m z）为负来看，同属并购会抑制区域金融化促进地区产业升级的作用效果，换言之，同属并购对西部地区产业升级有负向影响。这也恰好与张成思（2019）将"金融化"看作中性概念的观点相一致。

4.6.2 同属并购的区域创新能力效应

地区资本配置效率提高有助于地区间资源尤其是金融资源的合理配置，对区域创新投入提供资金、技术等方面的支持。本书选取省级专利申请数量对数值衡量区域创新能力，以间接考察地区资本配置效率是否提高。按照模型（7）进行实证检验，回归结果如表 4.19 所示。

表 4.19 同属并购的区域创新能力效应

变量	(1) east innovation	(2) east innovation	(3) west innovation	(4) west innovation	(5) middle innovation	(6) middle innovation
activity	-1.105*** (0.179)	-0.462*** (0.117)	-0.867* (0.490)	-0.574* (0.328)	0.437 (1.134)	1.018 (0.724)
z	1.117*** (0.274)	-0.997*** (0.299)	1.682** (0.717)	1.153** (0.518)	0.288 (1.039)	-2.168*** (0.727)
activity×z	0.0782 (0.0869)	0.181*** (0.0556)	0.0404 (0.864)	-0.185 (0.537)	1.298 (1.831)	2.145* (1.216)
rgdp		5.98e-05*** (8.44e-06)		5.65e-05*** (1.47e-05)		5.23e-05*** (9.44e-06)
market		0.130*** (0.0319)		0.202*** (0.0623)		
open		3.077*** (0.258)		3.140** (1.395)		
fdi		-7.026* (4.133)		38.38*** (9.183)		-20.69** (8.042)

87

续表

变量	(1) east innovation	(2) east innovation	(3) west innovation	(4) west innovation	(5) middle innovation	(6) middle innovation
government		-7.635***		-10.99***		32.54***
		(1.654)		(2.642)		(8.170)
Constant	11.60***	10.69***	9.875***	10.89***	10.03***	6.661***
	(0.202)	(0.735)	(0.417)	(0.720)	(0.669)	(0.551)
Observations	110	110	121	121	88	88
R-squared	0.299	0.783	0.309	0.634	0.122	0.479

注：括号内是稳健标准误，*** $p<0.01$，** $p<0.05$，* $p<0.1$。

表4.19中列（1）至列（2）东部地区和列（5）至列（6）中部地区回归结果显示，同属并购活跃度与区域金融化水平交乘项系数（activity×z）显著为正，表明同属并购的区域创新能力效应有显著提高。而东部地区和中部地区金融化水平与区域创新能力呈显著负相关关系，表明上述两个地区同属并购有助于提高该地区区域创新能力。而列（3）至列（4）西部地区并购活跃度与区域金融化交乘项系数（activity×z）不显著，无法说明在经济金融化背景下，并购对区域创新能力的作用效果，但这可能与西部地区受政策倾向性影响有关，还有待进一步考证。

总的来看，在区域金融化背景下，并购活动有助于提高地区资本配置效率，促进地区产业升级，提升区域创新能力。虽然同属并购与异地并购、国有企业并购与民营企业并购等不同并购类型对地区资本配置效率影响存在差异，但不可否认，并购是一条能够有效地改善地区实体经济资本配置效率的可行路径。

第 5 章　并购与实体经济资本配置效率Ⅱ：企业金融化维度

金融化另一个重要层面是实体企业的金融化，表现为非金融企业金融投资占比和金融渠道获利占比日益提高。从微观层面定义"金融化"，主要是基于微观企业的金融化行为（张成思，2019）。我国企业自 2006 年以来出现了明显的金融化特征（张成思等，2018），其典型表现为非金融企业金融资产占比、金融投资占比和金融利润占比日益提高。资本的逐利天性推动着资本涌向利润更高的行业，这一过程必然将导致实业投资率下降吗？其实不然。如果资本进入的行业本身有实体经济生产支撑，且该实体经济具有好的发展前景和高的利润，那么在逐利性驱动下的资本流动反而更高效。如果考虑融资约束条件和金融摩擦情形差异进行分层，企业金融化对不同类型的企业实业投资影响可能会有不同的结论（Li D.，2017）。因此，不宜轻易得出金融化对实体经济发展必然具有破坏性的结论（张成思，2019）。在当前经济金融化大背景下，在企业金融化现象凸显之时，并购所代表的实体企业投资也应当加以区分，以期更好地理解企业并购行为及效果。

5.1　理论分析与研究假设

并购作为一种企业投资方式，与企业金融化之间相互影响，甚至存在因果关系。从某种意义上讲，并购会加速企业金融化。对此，既有研究从并购影响资本结构、投资结构等角度进行了诸多有益探讨（赵立彬，2013；李彬等，2015；Sergey T.，2019）。而本书则沿着经济金融化作用机制脉络，基于并购的资本配置视角，探究二者之间的关系。

5.1.1　并购的实体企业投融资效应

企业资本配置效率的度量有两种方式：企业集团内部资本市场的配置效率和企业间资本配置效率。本书仅考察企业间资本配置效率，根据已有研究

(李云鹤等，2011；任曙明等，2019），本小节选取企业非效率投资作为实体企业资本配置效率的代理变量。根据资源转移理论，资本、技术及无形资产等显性资产随着并购将发生转移（胡杰武等，2012），因而目标企业并购后能够获得主并方资金支持或增强融资能力，也就是说，并购能作为获取外源性融资的渠道，缓解企业融资约束（Eral et al.，2015；郑文风等，2018）。而并购双方在协同效应理论指导下对资源优化重组，将推动资本配置的帕累托改进，有助于提高资本配置效率。以上企业以自身发展为目的实施并购，是战略性并购行为，若企业以粉饰财务报表为目的实施投机性并购或者以获得政府政策支持为目的实施策略性并购，那么并购未必能有效提高资本配置效率。

企业金融化强调了非金融企业资产中金融资产的配置比例或企业投资中金融资产投资比例逐渐提高，由此也产生了企业利润来源中金融渠道占比递增。可以看到，企业金融化本质上是实体企业资产配置与投资组合选择问题，即企业金融化是企业将资产与投资组合在实体部门或金融部门间选择的结果。企业配置金融资产、投资金融渠道的动因无非有两种。一是出于"预防性动机"（杜勇等，2018）或"储蓄动机"（杨筝，2019），为在有正向收益投资机会来临时，及时变现金融资产，或为应对突发资金需求而保有的储备型金融资产。在企业资产负债表中，货币资金、交易性金融资产、应收利息净额等都属于这一类别。二是以获取高于生产经营利润率为根本目的持有的金融资产或进行的金融投资活动，有的学者称为"挤出效应"（杜勇等，2018；李明玉等，2019）或"套利动机"（杨筝，2019）。根据第3章理论推衍，并购作为企业一种投资扩张方式，企业金融化从融资可得性、缓解信息不对称和代理问题等方面影响企业并购决策及其作用效果。并购需要大量并购资金，根据融资"啄序理论"，企业首先选择内源性融资作为并购资金。但单纯依靠企业内源性融资通常无法满足需求，公司将依赖外部融资来源（Martynova & Renneboog，2009）。在完善的资本市场中，内部融资成本等于外部融资成本（Modigliani & Miller，1958），选择内源性资金与外源性资金无差异。但资本市场是存在金融摩擦的，外源性融资成本往往较高，且企业可能面临外源性资金不足的困境。尤其是民营企业和中小企业受市场与制度双重融资约束，无法获得相应的信贷支持时，企业金融化可以在一定程度上满足并购融资需求。上述企业金融化存在于企业处于"预防性动机"条件下，此时企业金融化以便利未来可能潜在的正收益投资而配置金融资产为目的，因此企业金融化是适度的。而过度企业金融化将挤占企业实体投资，也就是说，企业将相对更多的资产或投资配置于金融领域，减少并购活动，此时企业并购可能性将显著降低。因此，企业金融化水平越高，并购可能性越大，但当企业金融化水平过高，即企业过度金融化出现时，并购概率将降低。也就是说，企业金融化与并购可能性呈倒"U"形关系，当企业金融化超过某一点时，将降低并购可能性。

由此，适度企业金融化表明企业以"预防性动机"配置资产与投资，能提供便利企业未来生产经营需要的流动性，此时企业的并购决策属于战略性并购决策，因此适度企业金融化提高了并购概率，也相应达到资本的合理配置。相反，若企业金融化超过最大值点，即属于过度金融化范围时，企业有"套利动机"，且此时的并购决策更可能是投机性并购或策略性并购。在企业金融化和并购共同作用下，资本配置扭曲，实业投资减少，阻碍经济增长。总的来说，并购对资本配置的影响是直接的，但企业金融化对资本配置效率的影响同时叠加了其对并购的作用。在企业金融化这一经济金融化微观维度下，并购的资本配置效应取决于企业金融化程度和并购异质性动机。由此，提出两个对立假设 5.1a 和假设 5.1b：

假设 5.1a：在企业金融化维度下，并购有利于有效提高实体企业非效率投资。

假设 5.1b：在企业金融化维度下，并购有助于降低实体企业非效率投资。

企业债务融资能力与通常文献中提到的"并购债务融资"有所不同。并购债务融资是指并购所需资金的来源，而本书指的是并购后企业的融资能力是否提高。企业融资能力与企业特征密切相关，简言之，企业所有制属性、规模、行业特征等都是影响其融资能力的重要因素。并购行为对企业债务融资能力的影响体现在并购双方所有制属性及其金融化水平。相对于民营企业，国有企业本身具有强大的融资能力；且大多数并购事件中国有企业都是以主并方参与其中，并购后企业融资能力相对较强。即使国有企业作为目标方，即通常所说的国有企业民营化，并购后国有企业曾经的社会资本仍未完全消失，这种与政府间的联系依然存在，企业融资能力仍是较高的。对于民营企业来说，根据企业资源转移理论，国有企业与政府间联系将通过并购传递给民营企业，也就是说，民营企业经由并购可获得国有企业社会资本，而这将优化民营企业的债务融资水平（王凤荣等，2019）。与国有企业参与并购的并购活动相比，并购双方均为民营企业时，不存在能够对外释放的"优质企业"信号，无法因此获得相应的资源。从理论上说，民营企业间并购对企业债务融资能力的作用不明显。

在考察企业债务融资能力时，企业金融化水平也是重要的影响因素之一。企业金融化处于适度水平时对并购有积极作用，因此并购后企业债务融资能力完全取决于企业所有制属性；企业金融化水平过度时会"挤出"并购，此时企业实施的并购也多为投机性并购。而且企业金融化程度越高，企业信息透明度越高，外部监督力越强，企业的金融资产与投资配置将会影响其债务融资能力。由此，提出以下假设：

假设5.2：企业金融化水平越高，并购后企业债务融资能力越弱。

假设5.3：并购后，民营企业债务融资能力有所增强，而国有企业债务融资能力变化不明显。

5.1.2 并购的实体企业资源配置效应

金融资产配置有助于缓解企业投资波动，其"蓄水池"功能以期为未来固定资产投资进行预防性储蓄；而依据资源配置理论，金融资产作为投资选择的一种备选品，会对企业固定资产投资有"挤出效应"（刘贯春等，2019）。通常微观层面的资本配置效率以企业投融资效率作为衡量指标（李云鹤等，2011；陈德球等，2012；郑文风等，2018），本节在此基础上将企业层面资本配置效率拓展至企业成长发展，分别以企业全要素生产率、创新能力和企业升级作为表征资本配置效率的指标，以期更全面地将企业发展与经济增长联系起来。

（1）企业全要素生产率。

对于"并购是否创造价值"（张新，2003）中"价值"的判断标准有很多，超额收益率、市场价值或财务指标等（李善民等，2004；Cai & Sevilir，2012；陈仕华等，2013），但更应当关注驱动企业发展的最根本最直接动力指标——全要素生产率（TFP）。因为全要素生产率中所包含的技术效率、要素配置、进入企业生产率和退出企业生产率（Baily et al.，1992），以及在其基础上所做的进一步分解加入规模经济等正是对企业成长全面的刻画。企业全要素生产率的提高是经济发展的基本动力之源。因此，本书选取企业全要素生产率作为对企业资本配置效率的替代。如果企业全要素生产率增加，则资本配置效率提升。

企业金融化对全要素生产率存在"储蓄动机"和"套利动机"双重作用机制。企业金融化的融资可得性功能为企业储备了未来投资所需资金，有助于平滑投资；尤其是面临融资约束的民营企业和中小企业，企业金融化的"预防性"作用更加显著。企业在"套利动机"支配下配置金融资产和投资，必然会对实业投资产生"挤出效应"；且金融投资的增加可能以企业减少研发创新为代价（谢家智等，2014），从而严重挤出与企业 TFP 提升相关的投资，不利于企业长期发展（许平祥等，2019）。这意味着企业金融化水平与企业全要素生产率之间呈倒"U"形关系，即在企业金融化最大值拐点之前，企业金融化"预防性储蓄"功能占优，有助于全要素生产率提升；在拐点之后，企业金融化"投机"作用将降低全要素生产率。

并购行为本身所涵盖内容：并购双方在内部资本市场上的要素重新配置，并购后技术、无形资产等共享以及企业控制权是否转移等都与全要素生产率高度一致。企业金融化适度水平增加了企业并购的可能性，战略性并购动机有利于提高全要素生产率；而企业过度金融化对企业并购的抑制，也相应降低了企业全要素生产率。对不同所有制属性的企业来讲，上述机制完全成立，因此推导出如下假设：

假设 5.4：并购后，国有企业全要素生产率变化不明显，民营企业全要素生产率提升较为显著。

(2) 企业创新能力。

企业升级可以分为"质"和"量"两个方面，其中"质"体现在企业创新能力，包括产品升级、生产组织方面的改进等（李林木等，2017），而企业创新具有投资周期长、风险大等特点。这使企业创新行为易遭受外源融资约束（Hall et al.，2010），且创新活动中的"搭便车"现象，弱化了企业自主创新动力，尤其对处于行业技术领先或产品市场需求剧增的企业，这种"挤出效应"更明显（Lee et al.，2010）。企业金融资产配置能够创新研发提供所需资金投入，但这种支持作用与企业金融化程度密切相关。"投机"作用下的企业金融资产配置毫无疑问会"挤出"实业投资，企业更可能会减少创新投入。也就是说，与企业全要素生产率和企业金融化之间关系类似，企业创新投入与企业金融资产配置也是存在拐点的。

类似地，企业性质与企业创新投入之间也有密不可分的关系。国有企业融资能力较强，资金充裕，但国有企业创新动力不足，对企业创新投入作用不确定。而民营企业富有创新精神，生产率较高，但容易受到融资约束的制约而无法对创新充分投入。如若能解决民营企业资金限制，相比于国有企业，民营企业将会对创新研发增加投入。当并购成为企业缓解融资约束的一条可行性路径时，民营企业寻求与国有企业的并购将为企业创新研发提供支持资金。并购对民营企业创新的积极作用，以及企业金融化通过并购对创新研发作用叠加，民营企业创新能力将显著增加。而这一过程中，国有企业的创新能力可能表现并不明显。根据以上分析，提出如下假设：

假设5.5：相较于国有企业，并购后民营企业创新能力增加较明显。

（3）企业成长。

企业升级"量"的体现在于企业的成长状况，包括企业生产能力、利润、营业额、资产、就业方面的可持续增长（李林木等，2017）。企业并购成功与否往往以并购绩效展现。已有文献大多使用超额累计收益率（潘红波等，2011；陈仕华等，2013），也有学者使用总资产收益率等（冯根福等，2001；王艳等，2014）来测度企业并购绩效。并购以企业追求更高效率或获得市场势力为并购动机，无论哪种动机，企业都将并购视为寻求发展的重要方式。虽然对并购事件前后企业价值是否提高还未达成共识，但企业并购后绩效增加是企业实现资源整合、获得协同效应的一种体现，可以认为并购创造了价值，或者说并购对资本配置效率有改善作用。

企业金融化对企业升级的作用更加显著，既有对企业绩效的直接作用，又有通过并购实施的间接作用，这点与之前所讨论的全要素生产率或创新能力是相同的。因此，在企业金融化维度下，并购的企业升级效应是上述两种作用的叠加。同样企业所有制特征将展现出不同的结果。民营企业更可能面临融资约束，对实业投资风险的承受能力相对较弱，其持有金融资产或金融化以"储蓄动机"为主来规避风险。民营企业并购相对更加谨慎，更可能出于战略性动机实施并购，因此民营企业的企业升级可能表现得更为明显。而国有企业更可能受到资本逐利的驱动配置金融资产，充裕资金支配其实施投机性并购可能性更大，但国有企业所肩负的社会责任以及社会负担，政府部门的行政干预无法确定其并购的动机，因而国有企业升级表现可能不是很明显。根据上述推断，得到如下假设：

假设5.6：在企业金融化维度下，民营企业并购后企业升级可能性更大，国有企业表现不明显。

5.2 研究设计

5.2.1 样本及数据选取

本书选取2008—2016年沪深A股上市公司作为研究样本。选择这一时间窗口的原因在于，首先是2007年我国出台了新会计准则，为了研究的一致性和可比性。其次本章中模型选择涉及并购前后1年相关财务指标的比较，因此以 2008 年作为本研究的并购起点。同样 2016 年发生并购样本要选择并购后 1 年时，2017 年相关财务指标以及地区指标已经全部披露，能够估计相关结果。而且在双重差分分析中，以 2011—2013 年作为研究"政策年份"，实施期间为 3 年，因而本章中将 2008—2011 年选定为实施并购前的时期；作为对照，选择 2014—2017 年作为实施并购后的时期。因为政策实施（这里指并购）效果至少需要 1 年时间才能显现，所以 2011 年作为政策年份归于实施并购前时期，2012—2013 年作为实施并购后时期。

本章的样本筛选过程如下：①剔除 2007 年及以前和 2017 年之后发生并购的事件；②剔除泛金融类行业中的企业，包括金融类和房地产类企业，即涉及证监会 2012 年证券代码 J 和 K 开头的相关样本；③剔除同时在 B 股和中小板上市公司，其余样本作为并购买方，即主并方；④在主并方样本中选择上市时间在 2006 年之前，退市时间在 2018 年之后的样本，这样保证了样本和数据的相对完整性；⑤对同一公司在同一年中完成多起并购事件的样本，仅保留公司在当年完成的第一次并购，剔除财务数据缺失样本后，共 3303 个样本点；⑥将上述主并方样本中交易标的与所有上市公司相匹配，找到并购双方均为上市公司样本，共计 295 个样本点，剔除财务数据缺失后得到 140 个样本。

5.2.2 变量定义

（1）被解释变量。

并购可能性（yn）。关于并购可能性的衡量是非常复杂的，涉及并购动机及并购与企业其他行为之间的内生性问题（任曙明等，2017），并购动机尚未达成统一认识，内生性问题相对更加难以处理。因此，国内外学者或者采用企业财务指标，或者用于行业内总资产标准化的并购交易额来测度并购可能性（张金鑫等，2012；任曙明等，2017）。本书选取在研究时间窗口样本企业是否发生过并购作为并购可能性替代变量。具体原因见下文解释。

非效率投资（ninvest）。借鉴 Richardson（2006）和李青原等（2009）构建的投资模型（1）：

$$INV_{i,t} = \beta_0 + \beta_1 salegrowth_{i,t} + \sum \beta_j control_{j,i,t-1} + \varepsilon_{i,t} \quad (1)$$

其中，$INV_{i,t}$ 表示企业总资产标准化的投资额，即固定资产、长期投资和无形资产的净值之和/总资产，$salegrowth_{i,t}$ 为主营业务收入增长率，$control_{j,i,t-1}$ 为企业特征类控制变量，如上市年龄、杠杆率、滞后一期企业总资产标准化投资额、总资产自然对数、总资产标准化的流动资产等财务指标。将上市公司回归后得到的残差作为企业投资效率，取残差绝对值表示企业非效率投资，该绝对值越大，则上市公司非效率投资越大，即投资效率越低。

企业债务融资能力（leverage）。上市公司债务融资相关数据主要披露在资产负债表的短期借款、长期借款、流动性负债、长期负债和总负债中。将上述债务指标之和取总资产标准化作为对企业债务融资能力的测度。

企业全要素生产率（tfp）。借鉴鲁晓东和连玉君（2012）估计方法，采用LP法对企业全要素生产率估计所得。

企业升级。企业升级包括"质"的升级与"量"的升级（Reeg，2013；李林木等，2017）。其中企业"质"的升级指的是企业创新能力（innovation），侧重于企业创新产出，还包括自主知识产权等。通常有两种衡量方式，一种是创新投入，另一种是创新产出，可以使用新产品销售额或专利数。本书考察的是企业并购前后的比较，以创新产出作为度量指标更具直观性。由于上市公司未披露新产品销售额，而从专利申请到授权获批时间较长，不确定性较高（周亚虹等，2015），因此专利申请数更能反映当期的创新产出，即ln（专利申请数+1）。企业升级"量"指的是企业成长（upgrading），体现在企业绩效、市场表现等方面，具体包括企业生产能力、营业额、资产等，本书选择常用的利润总额/营业总收入作为代理变量。

企业融资约束（sa）。测度企业融资约束有多个指标，如KZ指数、WW指数、SA指数；或者使用企业财务指标，以敏感度来衡量，如投资—现金流敏感度或现金—现金流敏感度。本书选取SA指数（Hadlock & Pierce，2010），原因在于与其他指数或敏感度相比，SA指数避免了指数构建过程中的内生性问题（鞠晓生等，2013）：SA指数 = $-0.737 \times SIZE + 0.043 \times SIZE^2 - 0.04 \times AGE$。可以看到，在SA指数估计公式中仅包含企业自身特征变量而避免了其他因素的干扰，其中SIZE为企业规模，AGE为企业年龄，这两个变量动态变动相对平稳且具有较强的外生性。

（2）解释变量。

并购前后（after）。该指标为虚拟变量，样本公司发生并购之前为并购前取0，发生并购之后为并购后取1。

是否发生并购（merge）。该指标为虚拟变量，样本公司在某一年发生并购取1，未发生并购取0。

企业金融化程度（fin）。借鉴Demir（2009）、谢家智等（2014）、宋军和

第5章 并购与实体经济资本配置效率Ⅱ：企业金融化维度

陆旸（2015）、杜勇等（2017）对金融化的界定，以企业总资产标准化的金融资产占比作为企业金融化水平的测度。其中，企业金融资产包括交易性金融资产、衍生金融资产、发放贷款及垫款净额、可供出售金融资产净额、持有至到期投资净额、投资性房地产净额，即企业金融化=（交易性金融资产+衍生金融资产+发放贷款及垫款净额+可供出售金融资产净额+持有至到期投资净额+投资性房地产净额）/资产总计。企业金融化程度平方项fin×fin。

机构投资者持股占比（institution）。借鉴吴晓晖等（2006）、周绍妮等（2019）选取机构投资者持股占总股数的比例作为解释变量之一，即所有机构投资者持股数总和/总股数。

（3）控制变量。

借鉴已有研究（Fama & French，1993；Erel et al.，2015），选取如下变量控制上市公司异质性。公司规模可以影响组织结构和决策能力，公司员工数、销售收入从不同角度反映了公司规模，故同时用员工数对数、营业收入增长率和ROA做控制变量。企业配置的金融资产具有较强的变现能力，因此在控制变量中加入现金持有变化率、现金流/总资产。企业金融化对实业投资的影响可能体现在企业主业发展上，要对主营业务收入加以控制。另外，控制并购企业所属地区宏（中）观层面的变量，企业金融化程度是与各地区市场化水平密切相关的，因此选取相应的指标，如人均地区生产总值、地区市场化指数等。

具体变量说明如表5.1所示。

表5.1 变量说明

变量类型	变量名称	变量符号	释义
被解释变量	并购可能性	yn	时间窗口内样本发生过并购取1，未发生过并购取0
	非效率投资	ninvest	Richardson残差取绝对值
	企业债务融资能力	leverage	企业杠杆率
	企业全要素生产率	tfp	利用LP方法估算得到
	企业升级 企业创新能力（innovation）		ln（企业专利申请数+1）
	企业成长（upgrading）		等于利润总额/营业总收入
	企业融资约束	sa	SA=-0.737×公司规模+0.043×公司规模平方-0.04×公司年龄

续表

变量类型	变量名称	变量符号	释义
解释变量	并购前后	after	虚拟变量,并购前取0,并购后取1
	是否发生并购	merge	是否发生并购的虚拟变量,发生并购取1,未发生并购取0
	企业金融化程度	fin	(交易性金融资产+衍生金融资产+发放贷款及垫款净额+可供出售金融资产净额+持有至到期投资净额+投资性房地产净额)/资产总计
	企业金融化程度平方	fin^2	fin×fin
	机构投资者持股占比	institution	所有机构投资者持股数总和/总股数
控制变量	企业年龄	age	公司年龄
	现金持有变化率	chcash	当年(现金持有/总资产)-上年末(现金持有/总资产)
	现金流/总资产	cashflow	经营性现金净流量/期末总资产
	托宾Q	Tobin q	托宾Q
	总资产收益率	roa	净利润与总资产平均余额之比
	主营业务收入增长率	salegrowth	(当年销售收入-上年末销售收入)/上年末销售收入
	员工人数对数	lnemp	上市公司当年员工数取对数
	总资产对数	lnasset	上市公司当年末总资产取对数
	人均地区生产总值	rgdp	人均地区生产总值
	政府预算资金占比	government	政府预算资金占比
	FDI资金占比	fdi	FDI资金占比
	地方财政支出占比	expenditure	地方财政支出占比
	对外开放度	open	对外开放度
	市场化指数	market	《中国分省份市场化指数报告》(王小鲁等,2016)

5.2.3 模型设计

(1) 企业金融化与并购可能性之间的关系。

经济金融化背景下并购所呈现的特征是本书关注的焦点之一。尤其在微观层面，企业金融资产和投资配置对并购的影响取决于企业金融化的动机与其程度。上文已述，企业金融化有"预防性动机"和"套利动机"，分别代表了企业配置金融资产的方向和数量。"预防性动机"，也可以称为"储蓄动机"，表示企业以便利未来投资为目的进行的金融资产配置，因此其配置资产类型是相对便于变现的货币类金融资产，如库存现金、短期银行存款以及其他货币资金等；相应地，配置数量也是在适度企业投资范围内的。"套利动机"，又叫"挤出效应"，代表这种动机下金融资产配置对实业投资的资产占用，通常以获取短期较高收益为目的，主要配置资产类型是受经济政策不确定性占比显著驱动类的金融资产，如长期股权投资（张成思等，2019）；因此，在这种投机动机驱使下，企业金融资产配置往往数额较大，换句话说，企业金融化有过度的可能。也就是说，"预防性动机"下的企业金融化通常是适度的，而"储蓄动机"下的企业金融化可能有过度的风险。因而不同金融化动机对企业并购影响存在差异性。适度企业金融化为并购提供有力支持，提高了并购发生的概率；过度企业金融化可能会挤占并购资金而降低并购可能性。鉴于上述描述，企业金融化水平越高，并购可能性越大，但当企业金融化水平达到某一点时，企业可能会减少并购，由此看来二者之间可能是非线性关系，因此采用如下模型（2）检验，具体设定如下：

$$yn_{i,t} = \alpha_{i,t} + \beta_1 \times fin2_{i,t} + \beta_2 \times fin_{i,t} + \beta_3 \times controls_{i,t} + \varepsilon_{i,t} \tag{2}$$

若 β_1 为负，表明企业金融化与企业并购可能性呈倒"U"形关系。

(2) 企业并购的非效率投资效应。

笔者在整理数据时发现上市公司中有的发生过多次并购，比如上市公司深圳能源（证券代码：000027），在统计的2007—2017年11年间共发生9次并购，除2007年和2015年未发生并购外，其余每年均会发生并购；而有的公司一次也没有发生过并购。因此本书从发生过并购上市公司与未发生过并购上市公司之间比较这一角度来探讨企业金融化下企业并购行为及其对实体经济资本配置的影响。样本中包含了在2008—2017年发生过并购和未发生过并购的上市公司，双重差分方法（DID）能在一定程度上减少内生性问题，因此采用该方法来考察在2011—2013年发生过并购行为的上市公司并购后的相关问题。借鉴陈林等（2019）、钱雪松等（2018）双重差分方法，设定待检验的模型（3）如下：

$$ninvest_{i,t} = \alpha + \beta_1 \times merge_{it} + \beta_2 \times after_{it} + \beta_3 \times merge_{it} \times after_{it} + \beta_4 \times controls_{it} + \varepsilon_{it}$$
(3)

其中，下标 i 表示企业，t 表示年份。controls 代表控制变量，其他变量见前文变量名称表。双重差分方法大多基于政策颁布时间为某一年份，而并购行为是一个发展过程，虽然本书选定样本时设定并购事件为"完成并购"事件，但是不可否认上市公司并购不会发生在同一年份。因此本书考虑将实验时间扩展为一个区间，即假设政策实施时间为一个时间段，在本书即 2011—2013 年，并把在此期间发生的所有并购事件认为是同一"政策"（即并购决策）影响下的样本。设定 2008—2010 年为并购发生前观测时期，2014—2017 年为并购发生后时期。对于样本中未发生过并购的样本定义其为"控制组"，虚拟变量 merge 取 0；发生过并购的样本定义为"处理组"，虚拟变量取 1。因为虚拟变量 after 表示并购事件发生前后，发生并购前取 0，发生并购后取 1。因此交乘项 merge×after 取值为 0 或 1。当该交乘项取值为 1 时，代表处理组，即发生并购的上市公司发生并购后。这里需要注意的是，双重差分方法（DID）中实验当年取值的选取，一般政策颁布时间为 1 年，所以将政策颁布当年取值为 0，认为政策颁布后才能观察到政策效果。本书认为上市公司从并购决策开始要进行相对较长时间，市场对其反应在其宣告并购日期开始即存在，因此为了观测更加全面，首先考虑并购实施的效果在并购当年即有所展现，after 在并购当年及并购后均取值为 1。为了避免这样选择的偏误，本书设定了 2012 年为实验时期，笔者在并购当年取值为 0 的方法进行了稳健性检验，结果是一致的。

本书借鉴陈林等（2019）、钱雪松等（2019）三重差分方法，采用该模型（DDD）进行检验。具体模型（4）设定如下：

$$ninvest_{i,t} = \alpha + \beta_1 \times merge_{it} + \beta_2 \times after_{it} + \beta_3 \times fin_{it} + \beta_4 \times merge_{it} \times after_{it} + \beta_5 \times fin_{it} \times after_{it} + \beta_6 \times merge_{it} \times fin_{it} + \beta_7 \times merge_{it} \times after_{it} \times fin_{it} + \beta_8 \times controls_{it} + \varepsilon_{it}$$
(4)

其中，fin_{it} 为企业金融化变量，其余变量与模型（2）相同。重点考察系数 β_7，如果该系数为负，表明企业金融化下企业并购能减少企业非效率投资。

（3）并购的实体企业资源配置效应。

借鉴 Eral et al.（2017）模型，考察并购前后企业融资约束是否缓解，企业是否增强了创新能力等其他相关假设。具体模型（5）设定如下：

$$y_{i,t} = \beta_0 + \beta_1 \times after_{i,t} + \beta_2 \times fin_{i,t} + \beta_3 \times after_{i,t} \times fin_{i,t} + \beta_4 \times controls_{i,t} + \varepsilon_{i,t} \tag{5}$$

其中，$y_{i,t}$ 为被解释变量，代表企业债务融资能力（leverage）、融资约束（sa）、全要素生产率（tfp）、企业创新能力（innovation）及企业成长（upgrading）。其余变量与上文相同。

5.3 实证检验及分析

5.3.1 描述性统计

表 5.2 显示描述性统计，企业金融化水平（fin）存在较大差异，最高值达到 0.88，表明有的企业金融资产、金融投资水平占比非常高。企业非效率投资差异也较大。这些数据表明我们对微观金融化、企业并购与资本配置效率问题展开讨论是非常必要的。

表 5.2 描述性统计

变量	mean	sd	min	max
ninvest	0.23	0.29	0	7.67
age	15.05	4.2	4	27
profitzhanbi	0.04	0.18	−6.77	8.45
cashflow	0.05	0.09	−3.08	0.88
q	1.86	2.29	0.08	65.47
roa	0.03	0.18	−6.78	8.44
emp	7.37	1.09	3.37	13.14
merge	0.65	0.48	0	1
after	0.67	0.47	0	1
fin	0.04	0.08	0	0.88

5.3.2 相关性检验

相关性检验结果如表 5.3 所示，变量间有一定的相关性，满足回归要求。

表 5.3 相关性检验

变量	ninvest	age	profit	cash	q	roa	fin	gdp
ninvest	1							
age	0.0601*	1						
profit	0.0131	−0.0053	1					
cash	0.0188	−0.0562*	0.0083	1				
q	0.1088*	0.0893*	0.0539*	−0.0023	1			
roa	0.0074	−0.0065	0.9976*	−0.0125	0.0425*	1		
fin	0.1304*	0.1328*	0.0767*	−0.0012	0.1952*	0.0685*	1	
gdp	0.0031	0.2652*	0.0176	0.0024	0.0006	0.0155	0.0561*	1

注：*** $p<0.01$，** $p<0.05$，* $p<0.1$。

5.3.3 实证结果分析

(1) 实体企业非效率投资效应。

根据模型(2)，对企业并购可能性采用 Probit 回归。理论上，当忽略不计市场摩擦时，企业金融化有最大值点存在，即在该点之前，企业金融化水平递增时，并购概率增加，此时企业金融化"预防性动机"作用更加突出；当超过该最大值点，并购概率将降低，企业金融化更多地倾向于"套利动机"。回归结果如表 5.4 所示。

表 5.4 企业金融化对企业并购的影响

变量	(1) yn	(2) yn-state	(3) yn-private
fin²	−16.73*** (2.353)	−11.83*** (2.928)	−19.83*** (3.772)
fin	12.42*** (1.641)	7.783*** (1.857)	15.68*** (2.785)
Constant	0.459*** (0.0416)	1.003*** (0.0655)	0.0528 (0.0584)
Observations	1904	981	923

注：括号内是稳健标准误，*** $p<0.01$，** $p<0.05$，* $p<0.1$。

企业金融化平方项为负，表明企业金融化水平与并购可能性呈倒"U"形关系。对样本区分国有企业(yn-state)和民营企业(yn-private)，所得结果相似,也就是说,所有企业都遵循企业金融化与并购可能性存在最大值点这一特征。

①企业非效率投资时间趋势图。

根据估计得到的企业非效率投资绝对值,绘制处理组:发生并购上市公司与对照组以及未发生并购上市公司的时间趋势图,比较两组企业非效率投资的变化差异,如图5.1所示。

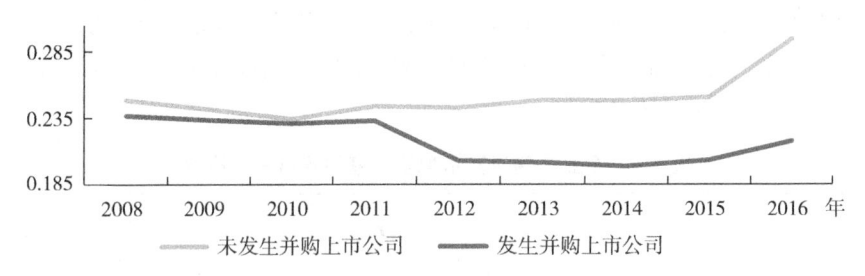

图 5.1 处理组与对照组企业非效率投资时间趋势图

由图 5.1 可以看到,在并购发生之前,两组上市公司的企业非效率投资几乎没有发生变化,保持相近且平行的时间趋势。在 2011 年并购发生后,两组样本企业的非效率投资表现出不同的变化趋势。处理组企业非效率投资水平显著下降,在并购完成 3~4 年后呈现逐渐增加的态势;而对照组的变化截然相反,企业非效率投资呈现递增的趋势。

②单变量双重差分检验。

对样本采用单变量 DID 方法检验,结果如表 5.5 所示。基于对照组和处理组企业非效率投资在并购前(before)和并购后(after)时期的均值,采用 t 检验方法考察两组上市公司并购前后企业非效率投资是否存在差异。

表 5.5 企业并购对企业非效率投资的单变量双重差分检验

项目	对照组	处理组	diff
before	0.241	0.234	−0.008 (0.011)
after	0.254	0.209	−0.045*** (0.008)
diff	0.013	−0.025	−0.038*** (0.013)

注:括号内是稳健标准误,*** $p<0.01$,** $p<0.05$,* $p<0.1$。

对比可以看到,对于对照组而言,企业非效率投资均值在并购前为 0.241,在并购后增加了 0.013;而处理组在并购后非效率投资下降了

0.025，上述结果在1%水平下显著。该结果表明，并购后，处理组非效率投资显著下降，并购效果约为0.038。也就是说，企业并购显著降低了样本企业非效率投资，即提高了样本企业资本配置效率。

③双重差分检验。

单变量双重差分的检验结果初步显示，企业并购的资本配置效应显著为正。但为了更清晰地识别企业并购的影响，在单变量双差分模型中引入年龄、托宾Q、roa等企业特征变量，对模型（3）采用双向固定效应模型展开进一步分析，结果如表5.6所示。

表5.6 企业并购对资本配置效率的双重差分检验

变量	(1) ninvest	(2) ninvest
merge×after	-0.0375*** (0.00817)	-0.0388*** (0.00847)
age		0.00353*** (0.00124)
profitzhanbi		0.0307 (0.214)
cashflow		0.0438* (0.0252)
q		0.00395*** (0.00119)
roa		-0.0233 (0.215)
_cons	0.241*** (0.00550)	0.193*** (0.0175)
year	yes	yes
frim	yes	yes
N	9288	8883
R^2	0.007	0.009

注：括号内是稳健标准误，*** $p<0.01$，** $p<0.05$，* $p<0.1$。

可以看到，列（1）在未加入企业特征控制变量时，并购对企业非效率投资影响为负；列（2）加入控制变量后，交乘项系数依然为负，表明并购显著降低了企业非效率投资。

④三重差分检验。

进一步分析企业金融化背景下的企业并购对资本配置效率的影响,对模型(4)采用三重差分模型检验,结果如表5.7所示。

表5.7 企业并购对资本配置效率的三重差分检验

变量	(1) ninvest	(2) ninvest
merge	0.0145 (0.0198)	
after	−0.0334* (0.0195)	−0.00441 (0.0141)
fin	0.233*** (0.0530)	−0.0932** (0.0451)
merge×after	0.00827 (0.0241)	0.0148 (0.0154)
merge×fin	−0.0881 (0.0656)	0.165*** (0.0559)
after×fin	0.176*** (0.0640)	0.126*** (0.0414)
merge×after×fin	−0.166** (0.0800)	−0.207*** (0.0516)
year	no	yes
frim	no	yes
N	9288	9288
R^2	0.024	0.009

注:括号内是稳健标准误,*** $p<0.01$,** $p<0.05$,* $p<0.1$。

由上述实证结果可以看到,交乘项 merge×after×fin 系数显著为负,表明加入企业金融化这一维度后,企业并购仍然显著降低了企业非效率投资,即提高了企业资本配置效率。假设5.1b 成立。

(2) 实体企业债务融资能力。

由估计企业金融化水平取均值得到,国有上市公司金融化水平为 0.0288,而民营企业金融化水平为 0.0430,显著高于国有企业。这不仅是因为企业自身的特性,更是企业所有制性质差异造成的。在我国仍以银行信贷为主要融资渠道的体制下,相比民营企业,国有企业凭借其与银行的天然基因联系，更容易获得信贷支持，预算软约束的存在，使国有企业预防性储蓄动机相对小。而且更容易得到资金支持的大型企业容易成为再次信贷的主体，充当中小企业的"金融中介"，这也导致国有企业金融化水平相对较低。正因为企业所有制性质差异带来企业金融化水平不同，本书这一小节将样本企业分为国有企业与民营企业，比较二者作为主并方在各自金融化水平下发生并购所带来的影响。

以资产负债率（leverage）作为企业债务能力的代理变量，采用模型（5）回归，结果如表5.8所示。

表5.8 并购对债务融资能力的影响

变量	(1) leverage-state	(2) leverage-state	(3) leverage-private	(4) leverage-private
after	-0.0302 (0.0415)	0.00439 (0.0108)	-0.550 (0.338)	-0.0564** (0.0233)
fin	-0.476** (0.217)	-0.246*** (0.0851)	-3.060* (1.766)	-0.559*** (0.129)
after×fin	0.0864 (0.231)	-0.119 (0.116)	2.826 (1.779)	0.376* (0.225)
lnemp		-0.00386 (0.00514)		0.00849 (0.00966)
age		-0.000702 (0.00102)		0.00527** (0.00252)
q		0.000105 (0.00491)		-0.000509 (0.000312)
lnasset		0.0360*** (0.00529)		-0.0292 (0.0271)
Constant	0.586*** (0.0409)	-0.226* (0.117)	1.071*** (0.337)	1.066* (0.566)
Observations	1799	1580	1232	1109
R-squared	0.003	0.078	0.003	0.023

注：括号内是稳健标准误，*** $p<0.01$，** $p<0.05$，* $p<0.1$。

fin系数均显著为负，表明企业金融化对企业债务融资能力有显著的负向影响，即企业金融化水平越高，企业负债融资能力越低。假设5.2成立。当企业将资金更多地投入金融资产和金融投资渠道时，企业从外部融资来源获取的资金相对减少,因此负债率会降低。相对于国有企业,民营企业并购所需资金可能更加依靠外部融资渠道,并购后资金也会相对减少,因此并购发生后资产负债率有所提高。而国有企业资金来源相对较多,资金更加充裕,资产负债率在并购前后没有明显变化。换言之,民营企业并购能够减少企业金融化对债务融资能力的负向影响,即民营企业并购增加企业债务融资能力;而国有企业并购的债务融资能力影响并不显著。假设5.3成立。

(3) 实体企业资源配置效率。

①全要素生产率。

采用模型(5)对企业金融化与全要素生产率回归,结果显示企业金融化与全要素生产率呈倒"U"形的非线性关系。

表5.9 企业金融化与全要素生产率

变量	(1) tfp	(2) tfp
fin^2	-3.251*** (0.502)	-2.639*** (0.463)
fin	-0.0170 (0.334)	1.226*** (0.270)
lnasset		0.587*** (0.0136)
q		-0.00486*** (0.000426)
leverage		0.0567*** (0.0167)
roa		0.0457*** (0.0173)
salegrowth		-1.41e-06*** (2.74e-07)
cashflow		-0.0481 (0.174)
chcash		0.0674 (0.151)
lnemp		0.0922*** (0.0140)

107

续表

变量	(1)	(2)
	tfp	tfp
Constant	15.19***	1.367***
	(0.0193)	(0.270)
Observations	6540	5558
R-squared	0.014	0.603

注：括号内是稳健标准误，*** $p<0.01$，** $p<0.05$，* $p<0.1$。

对样本企业按所有制性质分别回归，国有企业与民营企业呈现出差异性结果，具体如表5.10所示。

表5.10 企业并购与全要素生产率

变量	(1)	(2)	(3)	(4)
	tfp-state	tfp-state	tfp-private	tfp-private
after	0.0309	0.0287	0.00951	−0.0332
	(0.0371)	(0.0350)	(0.0365)	(0.0259)
fin	−0.00946	−0.0126**	−0.0436***	−0.0366***
	(0.00742)	(0.00523)	(0.0118)	(0.0113)
after×fin	0.00821	0.0118	0.0376***	0.0333***
	(0.00744)	(0.00524)	(0.0121)	(0.0113)
leverage		0.0258		−0.0781
		(0.107)		(0.0651)
q		0.00795		0.0177**
		(0.00699)		(0.00879)
age		−0.0282***		
		(0.00606)		
lnasset		0.201***		0.189***
		(0.00931)		(0.0143)
Constant	5.388***	1.227***	5.316***	1.137***
	(0.0272)	(0.214)	(0.0267)	(0.326)
Observations	1773	1690	1204	1132
R-squared	0.002	0.149	0.016	0.242

注：括号内是稳健标准误，*** $p<0.01$，** $p<0.05$，* $p<0.1$。

由回归结果可以看到，企业金融化水平与全要素生产率显著负相关，即企业金融化程度越高，企业全要素生产率越低。民营企业并购前后与企业金融化交乘项系数（after×fin）显著为正，表明即使企业金融化水平较高，造成了全要素生产率降低，民营企业并购仍能够有效提高全要素生产率水平。假设 5.4 成立。民营企业并购是提高全要素生产率的一条有效路径。这一结果可能源于民营企业并购受地方政府、国家政策等影响相对较小，市场化程度更高，因此民营企业并购更有效率，更有利于全要素生产率提高。而国有企业并购可能受影响因素较多，相应结论不显著，这一问题还有待继续研究。

②企业创新能力。

同样采用模型（5）对企业创新能力回归，结果如表 5.11 所示。

表 5.11　国有企业并购、民营企业并购对企业创新能力的影响

变量	（1）innovation-state	（2）innovation-state	（3）innovation-private	（4）innovation-private
after	0.00334* (0.00173)	−3.57e−05 (0.00202)	−0.00360 (0.00395)	−0.00869** (0.00379)
fin	0.0433* (0.0233)	0.0333 (0.0241)	−0.00166*** (0.000594)	−0.00152** (0.000773)
after×fin	−0.0379 (0.0270)	−0.0528** (0.0263)	0.00192*** (0.000714)	0.00169* (0.000871)
cashflow		−0.0184 (0.0160)		0.0363 (0.0348)
age		0.000849*** (0.000197)		−0.000440 (0.000320)
q		0.00215** (0.000969)		0.00716*** (0.00215)
roa		−0.00116 (0.00529)		−0.159** (0.0693)
leverage		−0.0201*** (0.00512)		−0.0589*** (0.0126)
lnasset		0.000144 (0.000746)		0.00734*** (0.00246)

续表

变量	(1) innovation-state	(2) innovation-state	(3) innovation-private	(4) innovation-private
Constant	0.0192*** (0.00120)	0.0119 (0.0182)	0.0336*** (0.00297)	-0.105* (0.0540)
Observations	1130	620	777	717
R-squared	0.009	0.104	0.002	0.125

注：括号内是稳健标准误，*** $p<0.01$，** $p<0.05$，* $p<0.1$。

结果显示，虽然交乘项系数（after×fin）为 0.00169，在 10% 水平下显著，仍能够说明民营企业并购提高了企业创新能力。而在企业金融化背景下，国有企业并购对企业创新能力的提升甚至有显著的负向影响。假设 5.5 部分成立。结合模型（3）可发现，国有企业金融化并没有对并购，进而对企业全要素生产率产生促进作用，因此企业创新能力提升也就无从谈起。在国有企业和民营企业中，比较单变量并购前后（after）和企业金融化（fin）回归系数可知，国有企业金融化对企业资本配置效率并未起到积极作用。对于民营企业而言，企业金融化对实体企业资本配置效率的影响是有效的。

③企业成长。

进一步对企业成长变量采用模型（5）回归，结果如表 5.12 所示。

表 5.12 国有企业并购、民营企业并购对企业升级的影响

变量	(1) upgrading-state	(2) upgrading-state	(3) upgrading-private	(4) upgrading-private
after	0.245** (0.0965)	0.229** (0.0978)	0.103 (0.0986)	0.193** (0.0970)
fin	0.0180 (0.0193)	0.0174 (0.0185)	-0.0991*** (0.0268)	-0.0640** (0.0257)
after×fin	-0.0304 (0.0201)	-0.0307 (0.0194)	0.0894*** (0.0269)	0.0599** (0.0256)
age		0.0278*** (0.00988)		-0.00446 (0.00827)
roa		5.590*** (1.029)		5.740*** (1.753)

续表

变量	(1) upgrading-state	(2) upgrading-state	(3) upgrading-private	(4) upgrading-private
leverage		1.272***		0.487
		(0.273)		(0.315)
cashflow		−1.381*		0.264
		(0.781)		(0.692)
q		−0.0313		−0.122***
		(0.0260)		(0.0291)
Constant	3.121***	1.957***	2.984***	2.752***
	(0.0707)	(0.241)	(0.0693)	(0.244)
Observations	1201	1156	768	733
R-squared	0.006	0.043	0.015	0.094

注：括号内是稳健标准误，*** p<0.01，** p<0.05，* p<0.1。

由表 5.12 回归结果可知，国有企业并购并不能增加创新产出，从结果效率来看，国有企业并购在企业金融化中存在无效率状态。而民营企业并购在并购后显著增加了创新产出，是有效率的并购。结合表 5.11 结果，国有企业并购对企业创新能力的影响并不显著，因此其对企业升级的作用也不明显。而民营企业并购对企业创新能力有显著的促进作用，也更有助于企业"量"的升级。假设 5.6 成立。

5.4　稳健性检验

5.4.1　平行趋势检验

双重差分方法能减少内生性问题，在前文图 5.1 中可以看到处理组和对照组在并购前有平行的时间趋势，初步验证了平行趋势假设。进一步通过统计分析可以看到表 5.13 显示，包括被解释变量在内的变量几乎均不显著，表明并购前处理组和对照组之间几乎不存在差异，并购后非效率投资的变动差异来自企业实施并购的效果。

表 5.13 平行趋势检验

变量	Mean Control	Mean Treated	Diff.	t	Pr (T>t)
ninvest	0.241	0.234	-0.008	0.9	0.3695
age	12.092	12.028	-0.064	0.5	0.6206
cashflow	0.06	0.056	-0.003	0.86	0.3889
q	1.955	1.961	0.006	0.07	0.9437
roa	0.033	0.038	0.005	0.73	0.4674
lnemp	7.376	7.36	-0.016	0.39	0.699

5.4.2 改变并购实施时间的双重差分检验

为了验证本书中以企业并购时间段作为实验时期的方法,采取只考虑1年并购时间作为实验时期。选取2012年作为"政策实施时间",并购之前2008—2011年为实验前,2013—2016年为实验后时期。再次运用DID方法,结果如表5.14所示。

表 5.14 改变并购实施时间的双重差分检验

变量	(1) ninvest	(2) ninvest
merge×after	-0.0403*** (0.00775)	-0.0426*** (0.00805)
age		0.00386*** (0.00122)
cashflow		0.0429* (0.0252)
q		0.00378*** (0.00119)
roa		0.00550 (0.215)
_cons	0.241*** (0.00550)	0.190*** (0.0173)
year	yes	yes

续表

变量	(1)	(2)
	ninvest	ninvest
frim	yes	yes
N	9288	8883
R²	0.007	0.009

注：括号内是稳健标准误，*** p<0.01，** p<0.05，* p<0.1。

当改变时间窗口时，交乘项系数仍然显著为负，与之前结果一致，证明企业并购能够降低企业非效率投资，也即并购对资本配置效率有提升作用。

5.4.3 加入主并方所属地区因素的三重差分检验

为了减少内生性影响，在上述三重差分检验模型中，加入主并方所属地区层面的控制变量，进一步明晰企业在配置金融资产后并购对企业非效率投资的影响，结果如表5.15所示。

表5.15 加入主并方所属地区因素的三重差分检验

变量	(1)	(2)
	ninvest	ninvest
after	-0.0558***	-0.228***
	(0.0151)	(0.0607)
fin	0.173***	-0.106**
	(0.0391)	(0.0453)
merge×after	0.0245*	0.0147
	(0.0138)	(0.0153)
merge×fin	-0.0572	0.160***
	(0.0359)	(0.0560)
after×fin	0.179***	0.125***
	(0.0529)	(0.0415)
merge×after×fin	-0.193***	-0.202***
	(0.0579)	(0.0516)
lngdp	-0.00514	0.0325
	(0.00397)	(0.0338)
controls	yes	yes

续表

变量	(1)	(2)
	ninvest	ninvest
year	no	yes
frim	no	yes
_cons	0.170***	-0.338
	(0.0389)	(0.302)
N	9288	9288
R²	0.037	0.011

注：括号内是稳健标准误，*** p<0.01，** p<0.05，* p<0.1。

可以看到，三项交乘项（merge×after×fin）系数显著为负，结果保持不变。

5.5 进一步讨论

5.5.1 并购主体的作用机制

经济金融化的典型特征之一就是机构投资者越来越活跃。对于企业来说，企业金融资产配置越多，机构投资者占比越大，其对企业行为决策产生的影响也越大。一方面，机构投资者有能力为企业提供更多的融资渠道，增加其实施并购的可能性；另一方面，机构投资者对企业信息的把握，增加了企业的风险，机构投资者也可能会减少对企业融资，那么在机构投资者影响力渐增的背景下，企业实施并购是否能缓解其融资约束？这部分将采用模型（5）进行探究。

$$sa_{i,t} = \alpha + \beta_1 \times after_{i,t} + \beta_2 \times institute_{i,t} + \beta_3 \times after_{i,t} \times institute_{i,t} + \varepsilon_{i,t}$$

其中，企业融资约束采用 SA 指数，结果如表 5.16 所示。

表 5.16 机构投资者对主并方企业融资约束的缓解

变量	(1)	(2)	(3)	(4)
	sa	sa	sa-state	sa-private
after	0.0475***	0.0393***	0.0503***	0.0238***
	(0.00543)	(0.00388)	(0.00505)	(0.00473)

续表

变量	（1） sa	（2） sa	（3） sa-state	（4） sa-private
institute	0.000392***	0.000240***	0.000351***	0.000225***
	(7.61e-05)	(5.78e-05)	(7.07e-05)	(7.44e-05)
after×institute	-0.000584***	-0.000421***	-0.000582***	-0.000194*
	(0.000111)	(8.76e-05)	(0.000108)	(0.000108)
lnasset		-0.00247*	-0.0147***	0.0187***
		(0.00131)	(0.00164)	(0.00186)
lnemp		-0.00534***	-0.00654***	-0.00755***
		(0.000789)	(0.000945)	(0.00106)
leverage		-0.0128***	-0.0261***	-0.00758***
		(0.00324)	(0.00605)	(0.00166)
q		-0.000831***	-0.00639***	-0.000770***
		(4.62e-05)	(0.000853)	(2.35e-05)
roa		-0.00470***	-0.0157*	-0.00310***
		(0.00128)	(0.00898)	(0.000577)
Constant	1.288***	1.404***	1.697***	0.963***
	(0.00380)	(0.0278)	(0.0352)	(0.0375)
Observations	6525	6233	3954	2279
R-squared	0.026	0.301	0.215	0.596

注：括号内是稳健标准误，*** $p<0.01$，** $p<0.05$，* $p<0.1$。

从表 5.16 回归结果看到，机构投资者与并购前后交乘项（after×institute）系数均为负显著，表明无论是全样本，还是国有企业并购、民营企业并购，企业并购均能够缓解企业融资约束。因此从机构投资者与融资约束的关系来看，并购是缓解融资约束的有效路径之一。这与假设 5.2 结论保持一致。

5.5.2 异质性并购动机的作用机制

根据现有数据无法得到企业并购动机是类战略并购还是类投机并购。企业金融化水平越高，相对而言企业持有资金越充裕、利润中来自金融渠道的占比更高、金融投资更多，前文已证明此时企业实施并购的可能性显著增大，企业也更可能实施类投机并购。对企业金融化下异质性并购动机作用于实体企业资本配置的机制与效应的进一步探讨，可以沿着"产融结合"的研究思路展开，即考察泛金融企业与实体企业并购。上文之所以没有对这部分内容进行研究，主要是因为本书研究的落脚点虽然与实体企业密切相关，但同时也涵盖地区实体经济资本配置的相关研究，因此不能仅以泛金融企业与实体企业并购为研究对象。基于主并方行业属性，将并购事件全部样本划分为实体企业并购泛金融企业与实体企业并购实体企业两大类，着重研究实体企业并购泛金融企业。由并购事件数量可以看到，本小节中实体企业并购泛金融企业的并购事件数量小于界定的类投机并购事件，因此考察经济金融化背景下由并购为切入点的产融结合问题是合理的。

理论上，实体企业之间的并购或以扩大市场势力，或以提高效率为目的，实施横向并购达到范围经济、纵向并购减少成本支出，抑或多元化并购，但均以企业自身发展战略需要为根本出发点。然而实体企业对泛金融企业的并购动机，第一，可能出于类战略并购目的。并购泛金融企业所形成的内部资本市场，使信息透明度更高，"信号效应"和"资源效应"更有利于实体企业优先获得泛金融企业资金支持；而泛金融企业专业型人才有助于实体企业行为决策，从而这种"由产到融"的并购更倾向于实体企业战略性发展。第二，可能以类投机并购为目的。在我国以银行体系为主的金融制度环境下，与泛金融企业形成的关联有利于实体企业获得更多的信贷资源，以及由此带来的其他渠道的外源性融资，因此便利实体企业金融资产的配置及在资本市场上的金融投资，实体企业可能由于这种"挤出效应"而减少生产运营。具体到产融结合的并购事件中，究竟是类战略并购动机还是类投机并购动机，可以间接通过并购后企业资产配置得到解释。

（1）实体企业并购泛金融企业的融资约束是否得到缓解？

以企业融资约束为被解释变量，采用模型（5）回归，结果如表5.17所示。

表5.17 实体企业并购泛金融企业的融资约束效应

变量	(1) sa	(2) sa	(3) sa-private	(4) sa-private
after	0.0169*	−0.000424	0.0277**	−0.000672
	(0.00868)	(0.00542)	(0.0133)	(0.00755)
fin	0.179***	0.0197	0.201*	0.0552
	(0.0524)	(0.0325)	(0.116)	(0.0739)
after×fin	0.00666	−0.0206	−0.0805	−0.0624
	(0.0686)	(0.0412)	(0.130)	(0.0860)

续表

变量	(1) sa	(2) sa	(3) sa-private	(4) sa-private
age		0.00809*** (0.000773)		0.00361*** (0.000906)
q		-0.00429*** (0.000940)		-0.00709*** (0.00150)
roa		0.0758** (0.0330)		0.0512* (0.0269)
leverage		-0.0407*** (0.0123)		-0.0159 (0.0152)
lnasset		-0.0211*** (0.00272)		-0.0102** (0.00399)
cashflow		-0.00770 (0.0247)		0.0169 (0.0183)
Constant	1.307*** (0.00613)	1.702*** (0.0618)	1.312*** (0.0113)	1.524*** (0.0940)
controls	no	yes	no	yes
Observations	513	448	202	169
R-squared	0.048	0.599	0.055	0.394

注：括号内是稳健标准误，*** $p<0.01$，** $p<0.05$，* $p<0.1$。

由上述结果可知，实体企业并购泛金融企业不以缓解融资约束为目的。如果缓解融资约束是实体企业实施并购的目的，那么面对市场化和制度化融资约束的民营非金融企业应当更有实施并购的动机。但列（3）和列（4）交乘项（after×fin）系数为负，但不显著，因而并不能说明缓解融资约束是民营非金融企业实施并购的理由。

（2）实体企业并购泛金融企业的动机。

仅从实体企业并购后融资约束是否得到缓解来判断实体企业对泛金融企业实施并购的动机是不充分的，因此从并购后企业资产配置的结果开始，采用逆向倒推的方法，对实体企业的并购动机做进一步判断。分别考察实体企业并购后，企业金融化对固定资产净投资与金融投资收益的回归结果，具体如表5.18和表5.19所示。

表5.18 实体企业并购泛金融企业的动机——固定资产净投资

变量	(1) fixed-all	(2) fixed-all	(3) fixed-private	(4) fixed-private
after	-0.0114	0.00832	-0.0182	0.0137
	(0.0172)	(0.0175)	(0.0238)	(0.0255)
fin	-0.000519	-0.000232	-2.88e-05	-0.000493
	(0.000475)	(0.000421)	(0.000566)	(0.000473)
after×fin	-0.00811**	-0.00642*	-0.0111*	-0.0107**
	(0.00370)	(0.00368)	(0.00667)	(0.00444)
q		-0.00490*		-0.00412
		(0.00294)		(0.00526)
roa		-0.124		-0.119
		(0.0935)		(0.126)
lnasset		0.0149**		0.00467
		(0.00679)		(0.0131)
leverage		-0.00179		-0.106*
		(0.0376)		(0.0586)
cashflow		0.0600		0.00610
		(0.0816)		(0.0767)
salegrowth		0.000151		0.000146
		(0.000427)		(0.000332)
chcash		-0.470***		-0.199**
		(0.0666)		(0.0815)
Constant	0.236***	0.204	0.192***	0.346
	(0.0121)	(0.164)	(0.0170)	(0.317)
controls	no	yes	no	yes
Observations	513	448	202	169
R-squared	0.006	0.194	0.017	0.239

注：括号内是稳健标准误，*** $p<0.01$，** $p<0.05$，* $p<0.1$。

表5.18显示，交乘项（after×fin）系数为负，表明非金融企业并购泛金融企业后，非金融企业固定资产净投资显著减少，尤其在民营企业中表现更为明显。该结果说明非金融企业并购不以对固定资产投资为目的。

进一步重复上述过程，只不过被解释变量为金融投资收益，即接下来将分析非金融企业并购泛金融企业后的金融投资收益的结果（见表5.19）。

表5.19 实体企业并购泛金融企业的动机——金融投资收益

变量	(1) finance-private	(2) finance-private	(3) finance-state	(4) finance-state
after	0.00392 (0.00434)	0.00299 (0.00423)	−0.0499 (0.0478)	0.00121 (0.00318)
fin	0.000309*** (7.16e−05)	−3.18e−05 (0.000111)	0.0208 (0.0280)	0.000623*** (0.000212)
after×fin	0.00429 (0.00278)	0.00191** (0.000824)	−0.0176 (0.0281)	0.00250 (0.00265)
chcash		−0.0191 (0.0129)		−0.0284 (0.0184)
q		0.00418*** (0.00131)		0.00152** (0.000655)
roa		0.0197 (0.0433)		0.0351 (0.0419)
age		0.000555 (0.000384)		0.000347 (0.000291)
leverage		−0.0184 (0.0122)		−0.0329*** (0.0104)
lnasset		0.00687*** (0.00248)		−0.00267* (0.00136)
Constant	0.0136*** (0.00249)	−0.156** (0.0602)	0.0619 (0.0477)	0.0764** (0.0328)
controls	no	yes	no	yes
Observations	202	169	311	279
R-squared	0.050	0.199	0.029	0.278

注：括号内是稳健标准误，*** $p<0.01$，** $p<0.05$，* $p<0.1$。

可以看到，实体企业并购泛金融企业后，民营实体企业金融投资收益显著增加，而国有实体企业金融投资收益无明显变化。该结论表明民营实体企业更多地以获取投机收益为目的实施并购。实体民营企业往往面临融资约束，并购可以成为其缓解融资约束的一条可行性路径。但是当非金融民营企业并购对象为金融企业时，非金融民营企业也有可能将资产更多地配置于金融资产或金融投资，从而使并购无法达成战略性目的。

5.5.3 异地并购的资本配置结果效率

（1）向地区金融化水平较低地区实施异地并购。

我国地区金融化水平存在明显不同，异地并购是否能实现资金转移，达到平衡各地区金融资源的目的？首先对企业由较高金融化地区向较低金融化地区实施异地并购，回归结果如表 5.20 所示。

表 5.20 向区域金融化水平较低地区实施异地并购

变量	（1）ninvest-state	（2）ninvest-state	（3）ninvest-private	（4）ninvest-private
after	0.0215 (0.0131)	0.0181 (0.0161)	0.0332* (0.0179)	−0.0262 (0.0221)
fin	0.000551 (0.000422)	−0.000248 (0.000412)	−0.00589 (0.00555)	−0.00426 (0.00366)
after×fin	−0.00110** (0.000473)	−0.00135*** (0.000402)	0.00188 (0.00637)	0.00135 (0.00580)
chcash		−0.227* (0.130)		0.122 (0.188)
cashflow		0.226** (0.105)		0.117 (0.124)
q		0.00665 (0.00565)		0.00478 (0.00497)
roa		0.0190 (0.260)		−0.0178 (0.0599)
lnasset		0.0483*** (0.00689)		0.0715*** (0.00824)
lnemp		0.00807 (0.00814)		0.000750 (0.00719)
Constant	0.00922 (0.0101)	−1.174*** (0.162)	−0.0427*** (0.0136)	−1.622*** (0.189)
Observations	339	185	264	163
R-squared	0.011	0.378	0.020	0.397

注：括号内是稳健标准误，*** $p<0.01$，** $p<0.05$，* $p<0.1$。

表 5.20 回归结果显示,国有企业在由较高金融化地区向较低金融化地区并购过程中,交乘项(after×fin)系数显著为负,说明国有企业降低了自身的非效率投资,即国有企业资金实现了向较低金融化地区企业转移,社会总体实现了资本配置效率的提高。但这一过程在民营企业并购中表现并不明显。

(2)向地区金融化水平相对较高地区实施异地并购。

进一步考察企业由较低金融化地区向较高金融化地区实施异地并购的回归结果如表 5.21 所示。

表 5.21 向区域金融化水平较高地区实施异地并购

变量	(3) tfp-state	(4) tfp-state	(1) tfp-private	(2) tfp-private
after	0.0804 (0.0879)	0.102 (0.0644)	0.197** (0.0840)	0.100* (0.0595)
fin	0.000186 (0.00248)	−0.000968 (0.00127)	−0.0347* (0.0198)	−0.0581*** (0.0105)
after×fin	−0.00301 (0.00256)	−0.00158 (0.00138)	0.0136 (0.0243)	0.0490*** (0.0186)
cashflow		1.937*** (0.509)		2.040*** (0.421)
lnemp		0.00656 (0.0501)		−0.00937 (0.0244)
age		−0.0222 (0.0145)		−0.0145* (0.00799)
leverage		0.570* (0.306)		−0.0150 (0.0503)
q		−0.0511** (0.0223)		−0.0439*** (0.0133)
Constant	5.422*** (0.0621)	5.403*** (0.433)	5.208*** (0.0682)	5.617*** (0.190)
Observations	352	311	275	253
R-squared	0.004	0.162	0.028	0.235

注:括号内是稳健标准误,*** $p<0.01$,** $p<0.05$,* $p<0.1$。

在向金融化水平较高地区并购过程中,民营企业交乘项(after×fin)系数显著为正,表明在这一并购过程中,民营企业全要素生产率有所提升,相当于民营企业资本配置效率有所提高。而国有企业全要素生产率则没有明显的变动。

结合上述两个回归结果，较高金融化地区并购较低金融化地区，国有企业释放资金，有助于地区实体经济资本配置效率提高；而较低金融化地区并购较高金融化地区，有利于民营企业资本配置效率提高，同样改善了地区实体经济资本配置效率。从社会整体来看，无论企业异地并购方向如何，均有利于提高地区实体经济资本配置效率。

总的来说，在企业金融化背景下，并购活动能够提高实体企业资本配置效率，提升企业债务融资能力，促进全要素生产率提高，推动企业升级。但也应当看到，国有企业并购与民营企业并购对实体企业资本配置效率影响的差异性，应当有针对性开展并购活动，从而有效改善实体企业资本配置效率。

第6章 结论与对策建议

6.1 研究结论

资本配置效率及其影响机制是学术界历久弥新的核心理论问题与热点现实问题，并购作为存量资源再配置的重要方式也始终被学术界和实务界广泛关注。有关并购与资本配置间关系的研究成果颇丰，但从经济金融化现实出发的理论与实证研究尚未可见，有鉴于此，本书从经济金融化视角展开，将经济金融化分为宏（中）观区域金融化维度和微观企业金融化维度，在此基础上分别研究并购与实体经济资本配置效率。其中以区域金融化维度对并购的地区实体经济资本配置机制与效应展开讨论，在企业金融化维度下探讨并购的实体企业资本配置机制与效应。

基于区域金融化维度的研究中，选择2008—2016年已完成的并购事件，借鉴 Wurgler（2000）投资弹性模型，利用全国30个地区（剔除数据不全的西藏地区）2007—2016年27个工业行业面板数据，测度地区实体经济资本配置效率。借鉴张成思等（2015）对经济金融化的界定，运用主成分分析法构建区域金融化指数。首先，基本的实证结果显示，并购能有效改善区域金融化对地区资本配置的负向作用。换言之，在区域金融化背景下，并购能够作为一种有助于提升地区资本配置效率的市场化手段。其次，在此基础上，分别从同一区域金融化水平，即同属并购和地区资本配置机制与效率、区域金融化水平不同的异地并购和地区资本配置机制与效率两方面展开研究。第一，同属并购角度的实证分析主要从不同区域、不同企业所有制性质进行。其中，中部地区和东部地区并购活动均能够抑制区域金融化的负向作用，从而促进地区资本配置效率有效提升。但西部地区并购行为可能存在盲目性或策略性，导致资本配置效率较低。国有企业并购有利于地区资本配置效率改善，而民营企业并购对地区资本配置效率有负向作用。第二，异地并购角度的实证分析从区域金融化差异背景下并购的资本配置效应与不同企业所有制性质并购的资本配置效应展开，结果显示异地并购发生在由区域金融化水平较高地区企业并购区域金融化水平较低地区企业时，对并购双方企业所在地区资本配置效率有显著提升作用。而在异地并购中，国有企业并购和民营企业并购均能有效改善主并方所在地区资本配置效率。最后，将地区实体经济资本配置效率拓展至地区产业升级，结果显示仅有中部地区主并方所在地区国有企业并购和民营企业并购对地区产业升级有正向促进作用；而金融化水平较高的东部地区的国有企业即使发生并购行为可能也无法释放过度资金，因而对地区产业升级造成负向影响。因此，对于区域金融化水平较高地区来说，如何降低其区域金融化水平才是决定地区产业升级的关键因素。

总的来看，在区域金融化背景下，并购活动有助于提高地区资本配置效率，促进地区产业升级，提升区域创新能力。虽然同属并购与异地并购、国有企业并购与民营企业并购等不同并购类型对地区资本配置效率影响存在差异，但不可否认，并购能够有效地改善地区实体经济资本配置效率的可行路径。

在企业金融化研究中，选取2008—2016年沪深A股上市公司作为研究样本，运用双重差分方法（DID）及三重差分方法（DDD）检验企业金融化与实体企业资本配置的机制与效应。首先，基本的实证检验结果显示，在企业金融化背景下，并购显著降低了企业非效率投资，即提高了实体企业资本配置效率。其次，从并购与企业资本配置机制理论来说，第一，企业金融化的融资可得性能够为并购提供资金支持，即企业债务融资能力的考察。相对于国有企业并购，民营企业并购能够减少企业金融化对债务融资能力的负向影响，即民营企业并购能够提升企业债务融资能力。第二，企业金融化增加了并购可能性。企业金融化与并购可能性呈倒"U"形关系，存在最大值点。当未达到该最大值点时，随着企业金融化水平提高，并购发生的可能性增大；但当超过该最大值点时，企业金融化程度越高，反而会抑制并购事件的发生。这既与现有研究中关于"金融化"内涵一致，也与文献中对企业金融化与投资间关系的研究一致。换言之，"金融化是一柄双刃剑"，适度金融化能起到"预防性动机"的蓄水池效果，充分发挥促进实体经济的作用，而过度金融化会产生"投机动机"的挤出效应，从而抑制其对实体经济作用的发挥。这也与张成思（2019）对金融化内涵的界定相契合，即"金融化"应当看作中性概念。第三，企业全要素生产率。企业金融化程度与全要素生产率呈负相关关系。相对于国有企业并购，民营企业并购是提高企业全要素生产率的有效路径。这一结果可能源于民营企业并购受地方政府、国家政策等影响相对较小，市场化程度更高，因此民营企业并购更有效率，更有利于全要素生产率提高。第四，企业升级的"质"与"量"两方面。企业升级"质"的体现在于企业的创新能力，相对于国有企业并购，民营企业并购对实体企业资本配置效率的影响是有效的。企业升级"量"的体现在于企业的成长状况，包括企业生产能力、利润、营业额、资产、就业方面的可持续增长（Reeg，2013；李林木等，2017）。相对于国有企业并购，民营企业并购对实体企业资本配置效率的影响是有效的。

总的来说，在企业金融化的研究中，并购活动能够提高实体企业资本配置效率，提升企业债务融资能力，促进全要素生产率提高，推动企业升级。但也应当看到，国有企业并购与民营企业并购对实体企业资本配置效率影响的差异性，有针对性开展并购活动，从而有效地改善实体企业资本配置效率。

6.2 研究启示与未来研究方向

6.2.1 研究启示

首先，区域金融化维度的并购与地区实体经济资本配置机制和效应研究启示在于：

（1）并购能够作为改善地区资本配置效率的有效路径。当前我国仍面临市场分割、地区资源不平衡现状，政府财政政策、产业政策等都是调节资源配置的行政手段，会受到地方政府干预、资源禀赋、金融市场摩擦等多种因素干扰，但从本书实证检验结果可以发现，区域金融化水平与地区实体经济资本配置效率呈显著负相关关系。换言之，并购能改善区域金融化的负向作用，从而提高地区资本配置效率。并购既可实现企业自身的低成本扩张，又可改善资源配置效率，能够作为调节资源配置尤其是存量资源再配置的市场化方式。

（2）同属并购在区域金融化水平不同地区发挥的作用不同。比较东部、中部、西部地区同属并购的地区资本配置效应发现，区域金融化程度最高的东部地区和最低的中部地区，同属并购均能有效促进地区资本配置效率的提高，尤其对于中部地区来说。这与中部地区金融化水平最低有关，区域金融化融资可得性及创造良好的金融生态环境使作用机制充分发挥。而区域金融化水平居中的西部地区，虽然国家实施西部大开发战略，同属并购却并未发挥显著作用。这可能与"策略性并购"或"盲目性并购"有关。同时也应当看到，东部地区和中部地区并购活跃度对地区资本配置效率也有不同的作用，其中并购活跃度与东部地区资本配置效率呈负相关关系，与中部地区呈正相关关系，也即在东部地区同属并购活跃度越高，地区资本配置效率反而越低，这是在企业实施并购或政府推行鼓励并购政策时应当予以关注的问题。

（3）异地并购在区域金融化水平不同地区间作用的效果不同。当异地并购发生在由区域金融化水平较高地区企业并购区域金融化水平较低地区企业时，并购双方企业所在地区资本配置效率有显著提升作用。这也是现实中发生较多的异地并购行为，即区域金融化水平较高地区的企业作为主并方，对区域金融化水平较低地区企业的并购活动。这将有效改善地区间资源不平衡的现状，符合 Wurgler（2000）模型所描述的，资本由低收益率地区向高收益率地区流动的理论。

（4）不同所有制性质企业并购的地区资本配置效应有所不同。国有企业与民营企业存在规模、融资能力、社会资本等多方面的差异，这也导致国有企业并购与民营企业并购的影响效应存在差异性。从区域金融化维度来看，无论是同属并购还是异地并购，国有企业并购更具有改善地区资本配置效率的作用。相反，在区域金融化水平最高的东部地区，民营企业同属并购未能实现对地区资本配效率的改善作用，因此不同地区民营企业应有针对性地实施同属并购或异地并购。

其次，企业金融化背景下的并购与实体企业资本配置机制和效应研究启示意义在于：

（1）企业金融化的"动机"与"适度性"。从企业配置金融资源的动机来看，有"预防储蓄性动机"和"投机性动机"两种。投机性动机造成的资金在金融系统中空转，经济"脱实向虚"问题亟待解决。而企业金融化"适度性"问题更应当加以关注。从机构投资者角度考察企业金融化问题，截至2018年底，专业机构投资者持股的上市公司占比达99.27%，也就是说几乎所有上市公司都有机构投资者参股。书中实证结果显示，企业金融化水平与并购可能性呈倒"U"形关系，即企业金融化未达到最大值点前能够促进并购的发生，但当企业过度金融化时会抑制并购的发生。这既与现有研究中关于"金融化"内涵一致，也与文献中对企业金融化与投资间关系的研究一致，符合"金融化是一柄双刃剑"的界定。因此，企业在金融资源配置时，结合企业战略发展需要，把握适度金融化临界点，充分发挥企业金融化促进实体企业发展的作用，进而推动经济发展。企业金融化水平与全要素生产率间倒"U"形关系更需要企业在配置资源尤其是金融资源时予以关注。作为经济发展基本单位的企业,其全要素生产率的提高将促进企业成长,进而推动经济持续发展。

(2) 并购是有效提高实体企业资本配置效率的市场化方式。第一,并购形成企业间资本市场,通过并购双方资源转移、协同整合改善资本配置效率。根据本书实证检验结果可知,在企业金融化背景下,企业并购仍然显著降低非效率投资,即提高企业资本配置效率。由此表明,并购作为企业低成本扩张的重要方式,不仅是企业成长的必经之路,是存量资源优化再配置的重要途径,更是企业资本配置的有效路径。在制定政策时,国家可以充分考虑并购配置资源的积极作用,制定合理简便的政策、法律法规以促进并购活动开展。第二,本书对实体企业并购与泛金融类企业并购进行了实证检验,从一定程度上来说这两类企业间并购问题可归属于产融结合研究议题,但对于两类企业间并购可以着重从经济金融化视角展开,探究并购动机、绩效、支付手段等方面。既可以考察经济金融化与企业并购间关系,又能够拓展产融结合的研究范围。

(3) 不同所有制性质企业并购的资本配置效应不同。我国转型经济仍面临民营企业融资难、融资贵问题,资金向金融领域流动、金融资源不平衡的状态仍未能改善。本书实证结果显示,并购能有效缓解企业融资约束,因此通过并购获得实体企业生产经营所需资金也是有效渠道之一。而且相较于国有企业并购,民营企业并购对企业金融化的资本配置效率的负向影响有改善作用。这在一定程度上满足了中央政府提到的"着力破解民营企业融资难融资贵问题,帮助民营企业解决发展中的困难"。从国有企业角度来看,其并购并未充分发挥资本配置调节机制,可以从生产组织方式、治理方式等考察国有企业并购的低效率问题,进一步盘活我国存量资源,实现经济稳定增长。

6.2.2 未来研究方向

第一,在并购理论机制与模型构建方面仍然存在可以继续深入研究的空间。并购和资本配置两个议题一直是学者们研究的热点,但现有研究始终未能揭示并购机制的"黑箱"。本书尝试构建"理论基础—传导路径—效应机制"这一研究主线,并借鉴已有文献研究成果,分别对相关假设命题进行了实证检验。但对于企业并购对资本配置机制与效应的部分检验并没有纳入一个统一的模型框架中。缺乏一个统一的理论模型,这是本书在将来继续要展开的研究。在未来研究中,笔者将进一步结合产融结合、企业投资等相关理论研究,厘清企业并购、产融结合、资本配置效率之间的逻辑关系,使并购与资本配置间理论论证更加严密，从而使本书的实证结果更具说服力。

第二，对区域金融化指数的量化测度仍存在继续研究的空间。本书将经济金融化分为两个维度探讨，分别是宏（中）观的区域金融化维度和微观企业金融化维度。企业金融化这一研究视角现有研究成果较丰富，对企业金融化的内涵界定、量化测度都相对成熟。但对区域金融化的内涵、定义的研究较少，量化研究更是寥寥无几。本书对其的定量估计，从内涵上来说，所选指标借鉴张成思等（2015）提出的四个经济金融化定义，但受限于数据可得性，可能难以准确反映区域金融化程度。并且本书所用数据为年度数据，数据间隔时间较长，可能无法反映区域金融化的动态变化。未来研究中，笔者将进一步探寻数据的可获得性或替代性，以期能更加准确地测度区域金融化程度及动态演变过程，使相关实证检验更具说服力。

第三，将制度环境因素及政策影响等纳入分析框架中。本书以我国经济金融化现实为研究背景展开，在研究过程中未涉及政府尤其是地方政府干预、经济政策倾向性影响或经济政策不确定性等影响并购的因素，而在实际中这些因素对并购的影响可能较大，因此本研究还需继续在外部影响因素的机制与效应方面进行深入探讨。

第四，企业金融化与并购的因果关系还存在深入研究的空间。本书在微观层面以企业金融化作为研究切入点，因此探讨的是在企业金融化背景下的并购议题。其实企业金融化与并购之间的具体机制和效应，还需要继续探索，并购发生的机理是什么，企业金融化是并购外部影响因素还是其内在推动因素，还有待进一步深入探讨。在实证研究中，二者之间关系非常复杂，具体机制或难以选取合适的指标刻画，或难以找到相关数据，这也将成为笔者后续研究的一个方向。

参考文献

[1] 巴曙松. 金改突破口 [J]. 中国经济和信息化, 2013 (13): 21-22.

[2] 白重恩, 杜颖娟, 陶志刚, 等. 地方保护主义及产业地区集中度的决定因素和变动趋势 [J]. 经济研究, 2004 (4): 29-40.

[3] 白俊红, 刘宇英. 对外直接投资能否改善中国的资源错配 [J]. 中国工业经济, 2018 (1): 60-78.

[4] 白钦先, 主父海英. 金融阈值视角下的金融危机——从美国次贷危机看被漠视的金融临界点 [J]. 财贸经济, 2009 (9): 59-64+135.

[5] 白雪洁, 卫婧婧. 异地并购、地区间资源流动与产业升级——基于中国数据的实证研究 [J]. 当代财经, 2017 (1): 100-109+135-136.

[6] 卞金鑫. 机构投资者与我国上市公司治理研究 [D]. 对外经济贸易大学, 2017.

[7] 才国伟, 钱金保, 舒元. 我国资本配置中的趋同与效率: 1952—2007 [J]. 统计研究, 2009, 26 (6): 38-44.

[8] 蔡明荣, 任世驰. 企业金融化: 一项研究综述 [J]. 财经科学, 2014 (7): 41-51.

[9] 蔡庆丰, 陈诣之. 金融资源与企业并购——从地区不平衡到企业再平衡的解释 [J]. 厦门大学学报 (哲学社会科学版), 2019 (4): 29-40.

[10] 蔡艳萍, 陈浩琦. 实体企业金融化对企业价值的影响 [J]. 财经理论与实践, 2019, 40 (3): 24-31.

[11] 蔡则祥, 王家华, 杨凤春. 中国经济金融化指标体系研究 [J]. 南京审计学院学报, 2004 (1): 49-54.

[12] 曾海舰, 林灵. 企业如何获取融资便利?——来自上市公司持股非上市银行的经验证据 [J]. 经济学 (季刊), 2016, 15 (1): 241-262.

[13] 曾庆生, 陈信元. 国家控股、超额雇员与劳动力成本 [J]. 经济研究, 2006 (5): 74-86.

[14] 陈德球, 李思飞, 钟昀珈. 政府质量、投资与资本配置效率 [J]. 世界经济, 2012, 35 (3): 89-110.

[15] 陈德球，陈运森，董志勇. 政策不确定性、市场竞争与资本配置 [J]. 金融研究，2017（11）：65-80.

[16] 陈林，翟宇佳，周立宏，等. 上市公司并购行为的规模效率——基于金融体制改革与服务实体经济效率视角 [J]. 金融经济学研究，2019，34（5）：151-160.

[17] 陈仕华，姜广省，卢昌崇. 董事联结、目标公司选择与并购绩效——基于并购双方之间信息不对称的研究视角 [J]. 管理世界，2013（12）：117-132+187-188.

[18] 陈享光. 金融化与现代金融资本的积累 [J]. 当代经济研究，2016（1）：5-15+97.

[19] 陈信元，黄俊. 政府干预、多元化经营与公司业绩 [J]. 管理世界，2007（1）：92-97.

[20] 陈玉罡，李善民. 并购中主并公司的可预测性——基于交易成本视角的研究 [J]. 经济研究，2007（4）：90-100.

[21] 程恩富，谢长安. 当代垄断资本主义经济金融化的本质、特征、影响及中国对策——纪念列宁《帝国主义是资本主义的最高阶段》100周年 [J]. 社会科学辑刊，2016（6）：54-63.

[22] 成思危. 虚拟经济与金融危机 [J]. 管理科学学报，1999（1）：4-9.

[23] 大卫·哈维. 新帝国主义 [M]. 初立忠，沈晓雷，译. 北京：社会科学文献出版社，2009.

[24] 戴伟，张雪芳. 金融发展、金融市场化与实体经济资本配置效率 [J]. 审计与经济研究，2017，32（1）：117-127.

[25] 邓迦予. 中国上市公司金融化程度研究 [D]. 西南财经大学，2014.

[26] 邓可斌，曾海舰. 中国企业的融资约束：特征现象与成因检验 [J]. 经济研究，2014，49（2）：47-60+140.

[27] 邓伟. "国进民退"的学术论争及其下一步 [J]. 改革，2010（4）：39-46.

[28] 邓晓兰，鄢哲明. 资源错配对中国工业低碳生产率影响的实证分析 [J]. 财经科学，2014（5）：74-83.

[29] 杜巨澜，黄曼丽，容楚颖，等. 政府为什么要放弃公司控制权？中国大宗股权转让中的不情愿和不情愿的私有化 [J]. 发展经济学研究，2011：56-82.

参考文献

[30] 杜勇, 张欢, 陈建英. 金融化对实体企业未来主业发展的影响: 促进还是抑制 [J]. 中国工业经济, 2017, 12: 113-131.

[31] 杜勇, 刘龙峰, 鄢波. 机构投资者增持、高管激励与亏损公司未来业绩 [J]. 中央财经大学学报, 2018 (1): 53-67.

[32] 段平方. 西方激进经济学对资本主义金融化与金融危机研究的理论综述 [J]. 财政研究, 2012 (2): 79-81.

[33] 费利群. 金融垄断资本与金融垄断资本主义及其当代启示 [J]. 当代经济研究, 2011 (4): 8-13.

[34] 冯根福, 吴林江. 我国上市公司并购绩效的实证研究 [J]. 经济研究, 2001 (1): 54-61+68.

[35] 富兰克林·艾伦, 道格拉斯·格尔. 比较金融系统 [M]. 王晋斌, 朱春燕, 等译. 北京: 中国人民大学出版社, 2002.

[36] 干春晖, 郑若谷, 余典范. 中国产业结构变迁对经济增长和波动的影响 [J]. 经济研究, 2011, 46 (5): 4-16+31.

[37] 龚关, 胡关亮. 中国制造业资源配置效率与全要素生产率 [J]. 经济研究, 2013, 48 (4): 4-15+29.

[38] 顾保国. 企业购并与政府主体角色 [J]. 经济体制改革, 1999 (3): 71-75.

[39] 郭娇. 企业并购融资方式研究 [D]. 长安大学, 2012.

[40] 郭俊华. 并购企业只是资本协同理论研究 [M]. 上海: 华东师范大学出版社, 2005.

[41] 贺博深. 我国上市公司战略性并购与财务性并购绩效的比较分析 [D]. 江西财经大学, 2013.

[42] 何德旭, 王朝阳. 中国金融业高增长: 成因与风险 [J]. 财贸经济, 2017, 38 (7): 16-32.

[43] 何珮珺, 张巧良. 市场结构视角下横向并购对企业创新能力的影响——来自战略性新兴产业的证据 [J]. 财会通讯, 2019 (5): 21-26.

[44] 胡海峰, 倪淑慧. 金融发展过度: 最新研究进展评述及对中国的启示 [J]. 经济学动态, 2013 (11): 88-96.

[45] 胡杰武, 张秋生, 胡靓. 区域产业整合及经济增长研究——基于跨区域并购视角 [J]. 中国软科学, 2012 (6): 167-174.

[46] 胡奕明, 王雪婷, 张瑾. 金融资产配置动机: "蓄水池"或"替代"?——来自中国上市公司的证据 [J]. 经济研究, 2017, 52 (1): 181-194.

[47] 黄金老. 论金融脆弱性 [J]. 金融研究, 2001 (3): 41-49.

[48] 黄玖立, 范皓然. 资本配置效率与地区比较优势 [J]. 经济学动态, 2016 (4): 70-84.

[49] 纪志宏. 存贷比地区差异研究——基于商业银行分行数据的研究 [J]. 金融研究, 2013 (5): 12-31.

[50] 简泽, 徐扬, 吕大国, 等. 中国跨企业的资本配置扭曲: 金融摩擦还是信贷配置的制度偏向 [J]. 中国工业经济, 2018 (11): 24-41.

[51] 江春, 李巍. 中国非金融企业持有金融资产的决定因素和含义: 一个实证调查 [J]. 经济管理, 2013, 35 (7): 13-23.

[52] 蒋大兴. 金融"脱实向虚"之规制逻辑——以上市公司并购重组规制为例 [J]. 现代法学, 2018, 40 (5): 79-94.

[53] 姜海龙, 邵芳强. "金融化悖论": 资本积累模式的变化及其后果 [J]. 经济研究导刊, 2014 (25): 7-9+113.

[54] 焦长勇, 项保华. 战略并购的整合研究 [J]. 科研管理, 2002 (4): 16-21.

[55] 鞠晓生, 卢荻, 虞义华. 融资约束、营运资本管理与企业创新可持续性 [J]. 经济研究, 2013, 48 (1): 4-16.

[56] 李彬, 潘爱玲, 杨洋. 大股东参与、定增并购主体关联与利益输送 [J]. 经济与管理研究, 2015, 36 (8): 107-115.

[57] 李健, 盘宇章. 金融发展、实体部门与全要素生产率增长——基于中国省级面板数据分析 [J]. 经济科学, 2017 (5): 16-30.

[58] 李建军, 韩珣. 非金融企业影子银行化与经营风险 [J]. 经济研究, 2019, 54 (8): 21-35.

[59] 李林木, 汪冲. 税费负担、创新能力与企业升级——来自"新三板"挂牌公司的经验证据 [J]. 经济研究, 2017, 52 (11): 119-134.

[60] 李其庆. 马克思经济学视域中的金融全球化 [A]. 福建师范大学. 全国马克思列宁主义经济学说史学会第六届理事会暨第十一次学术讨论会论文集 [C]. 福建师范大学: 中国《资本论》研究会, 2007: 4-10.

[61] 李青原. 公司并购悖论的研究回顾与评述 [J]. 证券市场导报, 2007 (1): 45-55.

[62] 李青原, 赵奇伟, 李江冰, 等. 外商直接投资、金融发展与地区资本配置效率——来自省级工业行业数据的证据 [J]. 金融研究, 2010 (3): 80-97.

[63] 李青原, 田晨阳, 唐建新, 等. 公司横向并购动机: 效率理论还是

市场势力理论——来自汇源果汁与可口可乐的案例研究 [J]. 会计研究, 2011 (5): 58-64+96.

[64] 李青原, 李江冰, 江春, 等. 金融发展与地区实体经济资本配置效率——来自省级工业行业数据的证据 [J]. 经济学 (季刊), 2013, 12 (2): 527-548.

[65] 李善民, 李珩. 中国上市公司资产重组绩效研究 [J]. 管理世界, 2003 (11): 126-134.

[66] 李善民, 朱滔, 陈玉罡, 等. 收购公司与目标公司配对组合绩效的实证分析 [J]. 经济研究, 2004 (6): 96-104.

[67] 李维安, 马超. "实业+金融"的产融结合模式与企业投资效率——基于中国上市公司控股金融机构的研究 [J]. 金融研究, 2014 (11): 109-126.

[68] 黎文靖, 李茫茫. "实体+金融": 融资约束、政策迎合还是市场竞争?——基于不同产权性质视角的经验研究 [J]. 金融研究, 2017 (8): 100-116.

[69] 李心丹, 朱洪亮, 张兵, 等. 基于 DEA 的上市公司并购效率研究 [J]. 经济研究, 2003 (10): 15-24+90.

[70] 李扬. "金融服务实体经济"辨 [J]. 经济研究, 2017, 52 (6): 4-16.

[71] 李云鹤, 李湛, 唐松莲. 企业生命周期、公司治理与公司资本配置效率 [J]. 南开管理评论, 2011, 14 (3): 110-121.

[72] 李治国, 唐国兴. 资本形成路径与资本存量调整模型——基于中国转型时期的分析 [J]. 经济研究, 2003 (2): 34-42+92.

[73] 林毅夫, 李永军. 中小金融机构发展与中小企业融资 [J]. 经济研究, 2001 (1): 10-18+53-93.

[74] 林毅夫, 孙希芳, 姜烨. 经济发展中的最优金融结构理论初探 [J]. 经济研究, 2009, 44 (8): 4-17.

[75] 刘端, 彭媛, 罗勇, 等. 现金持有在企业投资支出中的平滑作用——基于融资约束的视角 [J]. 中国管理科学, 2015, 23 (1): 10-16.

[76] 刘贯春, 张军, 丰超. 金融体制改革与经济效率提升——来自省级面板数据的经验分析 [J]. 管理世界, 2017 (6): 9-22+187.

[77] 刘贯春, 张军, 刘媛媛. 金融资产配置、宏观经济环境与企业杠杆率 [J]. 世界经济, 2018, 41 (1): 148-173.

[78] 刘贯春, 刘媛媛, 张军. 金融资产配置与中国上市公司的投资波动

[J]. 经济学（季刊），2019，18（2）：573-596.

[79] 刘珺，盛宏清，马岩. 企业部门参与影子银行业务机制及社会福利损失模型分析［J］. 金融研究，2014（5）：96-109.

[80] 刘莉亚，何彦林，杨金强. 生产率与企业并购：基于中国宏观层面的分析［J］. 经济研究，2016，51（3）：123-136.

[81] 刘小玄. 民营化改制对中国产业效率的效果分析——2001年全国普查工业数据的分析［J］. 经济研究，2004（8）：16-26.

[82] 刘奕，夏杰长，李垚. 生产性服务业集聚与制造业升级［J］. 中国工业经济，2017（7）：24-42.

[83] 陆桂贤，许承明，许凤娇. 金融深化与地区资本配置效率的再检验：1999—2013［J］. 国际金融研究，2016（3）：28-39.

[84] 卢峰，姚洋. 金融压抑下的法治、金融发展和经济增长［J］. 中国社会科学，2004（1）：42-55+206.

[85] 卢建新. 内部资本市场配置效率研究［M］. 北京：北京大学出版社，2008.

[86] 陆磊. 中国"灰犀牛"：经济波动和金融市场波动［J］. 中国经济报告，2017（12）：85-86.

[87] 卢满生. 政府主导型并购重组的形成机制分析［J］. 企业经济，2005（5）：5-6.

[88] 鲁晓东，连玉君. 中国工业企业全要素生产率估计：1999—2007［J］. 经济学（季刊），2012，11（2）：541-558.

[89] 栾文莲，刘志明，周淼. 资本主义经济金融化与世界金融危机研究［M］. 北京：中国社会科学出版社，2017.

[90] 罗德明，李晔，史晋川. 要素市场扭曲、资源错置与生产率［J］. 经济研究，2012，47（3）：4-14+39.

[91] 罗福凯，邓颖. 战略性要素资本与企业战略并购［J］. 财会通讯，2012（4）：6-9.

[92] 迈克尔·赫德森. 从马克思到高盛：虚拟资本的幻想和产业的金融化（下）［J］. 曹浩瀚，译. 国外理论动态，2010（10）：39-48+90.

[93] 孟捷，李亚伟，唐毅南. 金融化与利润率的政治经济学研究［J］. 经济学动态，2014（6）：50-59.

[94] 聂祖荣，雷泽. 基于灰色系统的股票投资价值模型及其应用［J］. 证券市场导报，2002（1）：30-34.

[95] 宁殿霞. 金融化视域中的数据幻象与全球经济不平等——重读《21

世纪资本论》[J]. 武汉大学学报（人文科学版），2017，70（4）：79-86.

[96] 潘海英，周敏. 金融化对实体经济增长的非线性效应及阶段特征 [J]. 金融经济学研究，2019，34（1）：18-27+42.

[97] 潘红波，夏新平，余明桂. 政府干预、政治关联与地方国有企业并购 [J]. 经济研究，2008（4）：41-52.

[98] 潘红波，余明桂. 支持之手、掠夺之手与异地并购 [J]. 经济研究，2011，46（9）：108-120.

[99] 潘文卿，张伟. 中国资本配置效率与金融发展相关性研究 [J]. 管理世界，2003（8）：16-23.

[100] 裴祥宇. 美国经济金融化测度研究 [J]. 商业研究，2017（1）：91-99.

[101] 彭俞超，韩珣，李建军. 经济政策不确定性与企业金融化 [J]. 中国工业经济，2018（1）：137-155.

[102] 彭俞超，黄娴静，沈吉. 房地产投资与金融效率——金融资源"脱实向虚"的地区差异 [J]. 金融研究，2018（8）：51-68.

[103] 彭俞超，黄志刚. 经济"脱实向虚"的成因与治理：理解十九大金融体制改革 [J]. 世界经济，2018，41（9）：3-25.

[104] 齐兰，徐云松. 制度环境、区域金融化与产业结构升级——基于中国西部面板数据的动态关系研究 [J]. 中央财经大学学报，2017（12）：22-33.

[105] 漆志平. 政治经济学视阈下的经济金融化趋向及其解释——以美国经验资料为研究对象 [J]. 求索，2009（12）：60-62.

[106] 钱雪松，康瑾，唐英伦，等. 产业政策、资本配置效率与企业全要素生产率——基于中国2009年十大产业振兴规划自然实验的经验研究 [J]. 中国工业经济，2018（8）：42-59.

[107] 青木昌彦，等. 政府在东亚经济发展中的作用 [M]. 北京：中国经济出版社，1998.

[108] 热拉尔·迪蒙，多米尼克·莱维. 新自由主义与第二个金融霸权时期 [J]. 丁为民，王熙，译. 国外理论动态，2005（10）：30-36.

[109] 任曙明，陈强，王倩，等. 海外并购为何降低了中国企业投资效率？[J]. 财经研究，2019，45（6）：128-140.

[110] 任曙明，许梦洁，王倩，等. 并购与企业研发：对中国制造业上市公司的研究 [J]. 中国工业经济，2017（7）：137-155.

[111] 萨米尔·阿明. 当代资本主义体系的内爆 [J]. 黄钰书，译. 政

治经济学评论, 2013, 4 (3): 201-224.

[112] 沈红波, 寇宏, 张川. 金融发展、融资约束与企业投资的实证研究 [J]. 中国工业经济, 2010 (6): 55-64.

[113] 沈坤荣, 张成. 金融发展与中国经济增长——基于跨地区动态数据的实证研究 [J]. 管理世界, 2004 (7): 15-21.

[114] 沈能, 刘凤朝. 我国地区资本配置效率差异的实证研究 [J]. 上海经济研究, 2005 (11): 17-23+30.

[115] 盛丹, 王永进. "企业间关系"是否会缓解企业的融资约束 [J]. 世界经济, 2014, 37 (10): 104-122.

[116] 盛明泉, 汪顺, 商玉萍. 金融资产配置与实体企业全要素生产率: "产融相长"还是"脱实向虚" [J]. 财贸研究, 2018, 29 (10): 87-97+110.

[117] 宋军, 陆旸. 非货币金融资产和经营收益率的U形关系——来自我国上市非金融公司的金融化证据 [J]. 金融研究, 2015 (6): 111-127.

[118] 宋启成. 中国金融化指数及其影响因素研究 [D]. 曲阜师范大学, 2018.

[119] 宋仁霞. "经济金融化"的评价方法研究 [J]. 湖南财经高等专科学校学报, 2008 (5): 38-40.

[120] 苏敬勤, 刘静. 中国企业并购潮动机研究——基于西方理论与中国企业的对比 [J]. 南开管理评论, 2013, 16 (2): 57-63.

[121] 孙自愿, 梁庆平, 卫慧芳. 政府干预、公司特征与并购扩张价值创造——基于资源基础理论视角 [J]. 北京工商大学学报(社会科学版), 2013, 28 (6): 57-65.

[122] 谭劲松, 林雨晨. 机构投资者对信息披露的治理效应——基于机构调研行为的证据 [J]. 南开管理评论, 2016, 19 (5): 115-126+138.

[123] 谈儒勇. 中国金融发展和经济增长关系的实证研究 [J]. 经济研究, 1999 (10): 53-61.

[124] 汤文仙, 朱才斌. 国内外企业并购理论比较研究 [J]. 经济经纬, 2004 (5): 63-67.

[125] 唐要家. 试析政府管制的行政过程与控制机制 [J]. 天津社会科学, 2008 (4): 75-80.

[126] 田国强, 赵旭霞. 金融体系效率与地方政府债务的联动影响——民企融资难融资贵的一个双重分析视角 [J]. 经济研究, 2019, 54 (8): 4-20.

[127] 田新民，武晓婷．中国经济金融化的测度及路径选择［J］．商业研究，2018（8）：78-87．

[128] 王凤荣．金融制度变迁中的企业成长［M］．北京：经济科学出版社，2002．

[129] 王凤荣．政府竞争视角下的企业并购与产业整合研究［M］．北京：社会科学文献出版社，2016．

[130] 王凤荣，董法民．地方政府竞争与中国的区域市场整合机制——中国式分权框架下的地区专业化研究［J］．山东大学学报（哲学社会科学版），2013（3）：11-25．

[131] 王凤荣，罗光扬．产权所有制与公司绩效的实证研究［J］．山东大学学报（哲学社会科学版），2006（5）：78-85．

[132] 王凤荣，苗妙．税收竞争、区域环境与资本跨区流动——基于企业异地并购视角的实证研究［J］．经济研究，2015，50（2）：16-30．

[133] 王凤荣，夏红玉，李雪．中国文化产业政策变迁及其有效性实证研究——基于转型经济中的政府竞争视角［J］．山东大学学报（哲学社会科学版），2016（3）：13-26．

[134] 王凤荣，郑文风，李亚飞．政府创新补助与企业创新升级——基于"两高一剩"上市公司的实证检验［J］．河北经贸大学学报，2019，40（3）：101-109．

[135] 王广谦．"经济金融化"是"经济货币化"的延伸和发展［J］．经济研究参考，1996（ZL）：6-7．

[136] 王洪斌，柳欣．金融发展与经济增长：基于中国的经验分析［J］．经济问题，2008（1）：97-99+106．

[137] 王红建，曹瑜强，杨庆，等．实体企业金融化促进还是抑制了企业创新——基于中国制造业上市公司的经验研究［J］．南开管理评论，2017，20（1）：155-166．

[138] 王红建，李茫茫，汤泰劼．实体企业跨行业套利的驱动因素及其对创新的影响［J］．中国工业经济，2016（11）：73-89．

[139] 王梅婷，余航．国有企业并购重组的趋势、模式和挑战［J］．经济学家，2017（8）：5-11．

[140] 王是平．并购企业高层管理团队胜任特征模型的理论与实证研究［D］．复旦大学，2009．

[141] 王文甫，明娟，岳超云．企业规模、地方政府干预与产能过剩［J］．管理世界，2014（10）：17-36+46．

[142] 王艳, 阚铄. 企业文化与并购绩效 [J]. 管理世界, 2014 (11): 146-157+163.

[143] 王永进. 关系与民营企业的出口行为：基于声誉机制的分析 [J]. 世界经济, 2012, 35 (2): 98-119.

[144] 王咏梅, 王亚平. 机构投资者如何影响市场的信息效率——来自中国的经验证据 [J]. 金融研究, 2011 (10): 112-126.

[145] 王竹泉, 王苑琢, 梁学玲. 企业资本错配的初步考察：基于营业活动分类的视角 [J]. 财务研究, 2017 (2): 25-32.

[146] 卫婧婧. 企业并购、资源再配置与产业升级 [D]. 南开大学博士论文, 2018.

[147] 文红星. 经济金融化与经济不稳定性关系研究 [J]. 当代经济研究, 2016 (7): 66-72.

[148] 吴加伟, 陈雯, 袁丰, 等. 中国企业本土并购双方的地理格局及其空间关联研究 [J]. 地理科学, 2019, 39 (9): 1434-1445.

[149] 吴加伟, 陈雯, 张鹏. 企业并购投资区位选择机理与效应的研究进展 [J]. 地理科学进展, 2017, 36 (11): 1423-1434.

[150] 吴晓晖, 姜彦福. 机构投资者影响下独立董事治理效率变化研究 [J]. 中国工业经济, 2006 (5): 105-111.

[151] 肖忠意, 林琳. 企业金融化、生命周期与持续性创新——基于行业分类的实证研究 [J]. 财经研究, 2019, 45 (8): 43-57.

[152] 谢家智, 王文涛, 江源. 制造业金融化、政府控制与技术创新 [J]. 经济学动态, 2014 (11): 78-88.

[153] 徐丹丹, 王芮. 产业资本金融化理论的国外研究述评 [J]. 国外理论动态, 2011 (4): 37-41.

[154] 许平祥, 李宝伟. 企业金融资产配置与全要素生产率之谜——基于中国A股制造业上市公司财务数据的GMM分析 [J]. 贵州财经大学学报, 2019 (6): 44-55.

[155] 徐璋勇, 葛鹏飞. 国家区域发展战略与资本错配——基于西部大开发的准自然实验 [J]. 产业经济研究, 2019 (4): 12-22.

[156] 薛安伟. 后全球化背景下中国企业跨国并购新动机 [J]. 世界经济研究, 2020 (2): 97-105+137.

[157] 薛新红, 王忠诚. 东道国金融自由化与跨国并购——来自全球金融危机后中国企业的经验证据 [J]. 国际经贸探索, 2018, 34 (7): 79-93.

[158] 薛新红, 王忠诚. 东道国金融发展异质性与中国企业跨国并购的

区位选择［J］．国际商务（对外经济贸易大学学报），2019（5）：73-87．

［159］杨汝岱．中国制造业企业全要素生产率研究［J］．经济研究，2015，50（2）：61-74．

［160］杨文溥．过度金融化及其资源错配效应研究［J］．西南金融，2019（11）：22-31．

［161］杨筝．实体企业金融化与全要素生产率：资源优化还是资源错配？［J］．贵州社会科学，2019（8）：145-153．

［162］姚晓生，林畅伟．企业并购更一般的解释——基于资源优化配置的一种市场机制［J］．经济师，2004（1）：16-17．

［163］姚耀军，董钢锋．中小企业融资约束缓解：金融发展水平重要抑或金融结构重要？——来自中小企业板上市公司的经验证据［J］．金融研究，2015（4）：148-161．

［164］银锋．经济金融化趋向及其对我国金融发展的启示［J］．求索，2012（10）：43-45．

［165］俞颖，苏慧琨，李勇．区域金融差异演进路径与机理［J］．中国工业经济，2017（4）：74-93．

［166］袁学英．中国企业跨区域并购、资源流动与长期绩效［D］．北京交通大学，2011．

［167］约翰·B. 福斯特，罗伯特·麦克切斯尼．垄断金融资本、积累悖论与新自由主义本质［J］．武锡申，译．国外理论动态，2010（1）：1-9．

［168］约翰娜·蒙哥马利．全球金融体系、金融化和当代资本主义［J］．车艳秋，房广顺，译．国外理论动态，2012（2）：6-16．

［169］张成思．金融化的逻辑与反思［J］．经济研究，2019，54（11）：4-20．

［170］张成思，刘贯春．中国实业部门投融资决策机制研究——基于经济政策不确定性和融资约束异质性视角［J］．经济研究，2018，53（12）：51-67．

［171］张成思，郑宁．中国实业部门金融化的异质性［J］．金融研究，2019（7）：1-18．

［172］张德亮．企业并购及其效应研究［D］．浙江大学，2003．

［173］张国富．中国资本配置效率行业差异影响因素的实证研究［J］．中央财经大学学报，2010（10）：53-58．

［174］张国富．中国资本配置效率及其影响因素研究［D］．东北财经大学，2011．

[175] 张杰. 中国金融改革的检讨与进一步改革的途径 [J]. 经济研究, 1995 (5): 3-10.

[176] 张金鑫, 张艳青, 谢纪刚. 并购目标识别: 来自中国证券市场的证据 [J]. 会计研究, 2012 (3): 78-84+95.

[177] 张军, 金煜. 中国的金融深化和生产率关系的再检测: 1987—2001 [J]. 经济研究, 2005 (11): 34-45.

[178] 张慕濒, 诸葛恒中. 全球化背景下中国经济的金融化: 涵义与实证检验 [J]. 世界经济与政治论坛, 2013 (1): 122-138.

[179] 张慕濒, 孙亚琼. 金融资源配置效率与经济金融化的成因——基于中国上市公司的经验分析 [J]. 经济学家, 2014 (4): 81-90.

[180] 张晓朴, 朱太辉. 金融体系与实体经济关系的反思 [J]. 国际金融研究, 2014 (3): 43-54.

[181] 张新. 并购重组是否创造价值?——中国证券市场的理论与实证研究 [J]. 经济研究, 2003 (6): 20-29+93.

[182] 张雪琴. 金融化与金融利润之谜——评拉帕维查斯的金融利润理论 [J]. 财经科学, 2015 (8): 44-55.

[183] 张营营, 高煜. 智慧城市建设对地区制造业升级的影响研究 [J]. 软科学, 2019, 33 (9): 46-52.

[184] 张竹青, 王昊. 企业战略并购中目标企业价值评估方法研究 [J]. 审计与经济研究, 2005 (5): 79-82.

[185] 张宗新, 季雷. 公司购并利益相关者的利益均衡吗?——基于公司购并动因的风险溢价套利分析 [J]. 经济研究, 2003 (6): 30-37+94.

[186] 赵峰, 田佳禾. 当前中国经济金融化的水平和趋势——一个结构的和比较的分析 [J]. 政治经济学评论, 2015, 6 (3): 120-142.

[187] 赵剑波, 吕铁. 中国企业如何从"逆向并购"到"逆向吸收"?——以工程机械制造业跨国并购为例 [J]. 经济管理, 2016, 38 (7): 35-47.

[188] 赵磊, 肖斌. 经济金融化何以可能——一个马克思主义的解读 [J]. 当代经济研究, 2013 (3): 61-65.

[189] 赵立彬. 融资能力、企业并购与经济后果 [D]. 北京交通大学, 2013.

[190] 赵祥. 地方政府竞争与FDI区位分布——基于我国省级面板数据的实证研究 [J]. 经济学家, 2009 (8): 53-61.

[191] 郑文风, 王凤荣. 存量改革视域下的企业并购与资本配置效

率——基于目标公司融资约束缓解的实证研究［J］. 山东大学学报（哲学社会科学版），2018（2）：118-132.

［192］钟军委，万道侠. 地方政府竞争、资本流动及其空间配置效率［J］. 经济经纬，2018，35（4）：141-149.

［193］周守华，吴春雷，赵立彬. 金融发展、外部融资依赖性与企业并购［J］. 经济经纬，2016，33（2）：90-95.

［194］周绍妮，王中超，操群. 高管权力、机构投资者与并购绩效［J］. 财经论丛，2019（9）：73-81.

［195］朱武祥，潘玉平. 资本配置行为、资产置换与资源配置绩效：东方集团案例分析［J］. 管理世界，2002（8）：116-124+138.

［196］庄晓玖. 中国金融市场化指数的构建［J］. 金融研究，2007（11）：180-190.